儲けにつながる「会計の公式」

借金を返すと儲かるのか?

岩谷誠治

日経ビジネス人文庫

これは、あなたのために書かれた会計の本である。

この本で覚えることは、この図だけである。

この図に2本の矢印を加えれば、会計のすべての謎は解ける。

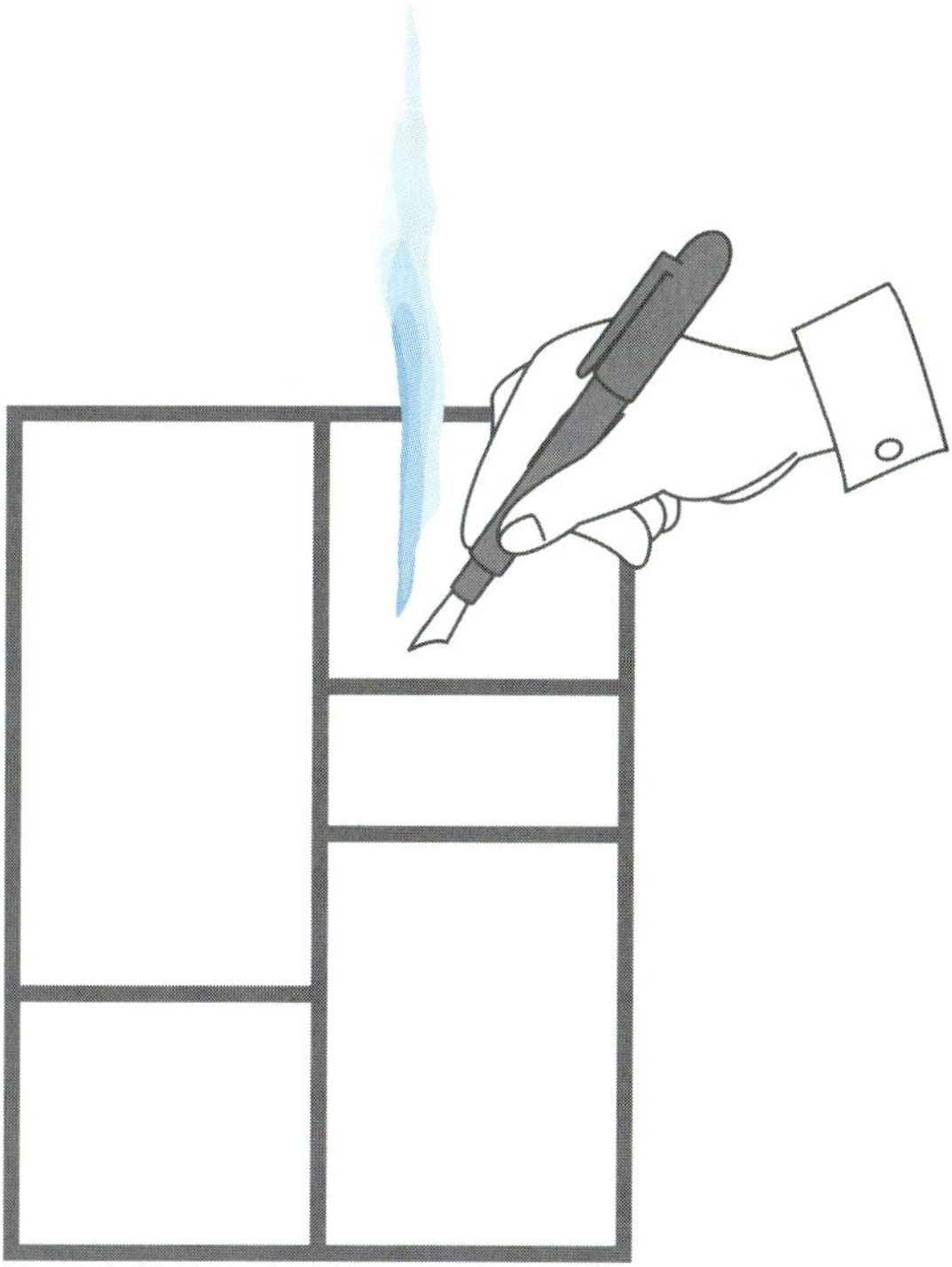

目次

第Ⅰ章　会計を学んで儲かるのか

1 会計は利益を生み出すか

普通の人々の会計

本書のテーマは、

「会計を学んで儲かるのか」

「普通の社会人が、会計を使って利益を生み出すことはできるのか」

という疑問にお答えすることです。

会社は、継続的に利益を生み出さなければ、存続することができません。では、この利益は会社のどのような活動から生み出されるのでしょうか。

利益を生み出す活動として思い浮かぶのは、

・新製品開発のための**研究開発**

・販売促進のための**マーケティング**
・生産現場における**原価低減**活動

といった業務でしょう。

これら業務は、その成果と利益の関係が明快でわかりやすいのに対して、「会計」は、利益獲得との因果関係がわかりづらいため、「会計を学んでも儲けることはできない」とよく言われます。

一方、経営企画部や経理・財務部のように、会計知識を業務に生かしている方々にとっては、会計と企業活動の密接な関係は、既に周知の事実です。

したがって、本書の主題は、

「経理や企画部門以外に属している一般の社会人の方々が、会計を使って利益を獲得することはできるのか？」

を探り、そのために身に付けるべき会計知識を明らかにすることです。

決算書を読めればよいのか

会計を使って利益を獲得するためには、まず最初に、**「会計を使える」**ことが前提になります。

ところで、皆さんは「会計が使える」とは、どのような意味だと思われますか。多くの方々は、「決算書の見方がわかる」こととお答えになるでしょう。

実際、書店の会計書籍のコーナーに行くと、

「これだけで決算書の見方がわかる」

「決算書は、ここだけ見る」

といったように、決算書の見方を解説する多くの書籍が並んでいます。

いずれの書籍も様々な工夫を凝らして、決算書がわかりやすく解説されており、決算書の見方については、ある程度理解されている方も多いと思います。

そこで、決算書の見方を勉強された皆さんに、もうひとつ質問です。

「皆さんは、決算書の見方を学んだ後に、実際の決算書をご覧になりましたか？」

株式投資を行っている方は、投資先を判断するために決算書を確認したかもしれませんが、それ以外の方々は、おそらく決算書を見る機会はなかったのではないでしょうか。

特に、皆さんが企画部や経理・財務部門に所属していなければ、お勤めの会社の日常業務において、決算書を目にする機会は皆無と言ってよいでしょう。

もしも、「会計を使う」ことが「決算書を見る」ことならば、その機会がない限り会計を使うことはできませんから、当然、仕事の役には立ちません。

実際、私も、一般の方々向けの、決算書の見方を教えるセミナーでは、

「株式投資をする人以外は、今後、決算書を見る機会は、ほとんどありませんよ。」

とお伝えしています。

決算書の見方を学びにきた方々に、やる気をそぐようなことをお伝えする主旨は、「決算書を見ること」が「会計を使うこと」ではない点を理解していただくためなのです。

数字に強ければよいのか

一方、会計は、決算書の数字を利用することが重要だという考え方もあります。実際、「数字に強い」という表現は、会計に詳しい方のたとえとして用いられます。確かに、過去の決算書の数値をそらんじていたり、様々な財務比率を駆使した説明は、会計を使いこなしている印象を与えます。

会計は、会社の活動を貨幣価値に換算するものですが、この換算作業は、経理・財務といった専門の部門が行えばよく、数値化された以降の分析能力が大切なのだとお考えの方もいらっしゃるでしょう。

複数の数字から相違点や問題点を抽出する能力は、会計に限らず、数値化されたデータを使用する際に必要となるものです。しかし、その能力だけで「利益を獲得」することができるのでしょうか。

数字を分析することで問題点を抽出することは可能でしょう。しかし、経営において肝心なのは、その数値をいかにして改善するかという次のステップです。

「ＲＯＥは10％を目指せ」
「流動比率を１５０％以上にしろ」

といったように数値基準だけを示しても改善策にはなりません。改善策は具体的な行動に落とし込まなければならないからです。

そのためには、会計によって数値に換算された活動を、反対に数値から活動に還元する作業が必要になります。

活動（昨年の行動）→ 会計で変換 → 数値（実績ＲＯＥ４％）
数値（目標ＲＯＥを10％に！）→ 活動へ還元 → 活動（何をすれば？）

この改善活動の局面では、当然ながら「どのような活動によって、会計上の数値が計上されるのか」という会計知識が不可欠です。どんなに数字に強くても、会計知識と切り離された数値だけでは、企業活動の結果である「利益の獲得」に貢献することはできないのです。

簿記がわかればよいのか

「決算書が読めるだけではだめで、数字を見るだけでもだめならば、結局、会計が使えるためには、簿記から勉強しろということ？」

「借方、貸方は勘弁してよ」

そう思われた方も多いでしょう。

簿記を学ぶことは会計の基本ですが、その壁を越えることができずに、多くの方々が悩んでいるのが現実です。新入社員研修や管理職研修で配られた簿記の教科書が、本棚に眠っている方も多いと思います。

さらに、本書が読者と想定している会計部門以外の方々は、決算書を見る機会がない以上に、簿記の知識を利用して仕訳を起こすこともないでしょう。ならば、いくら簿記に詳しくなっても、会計を使う機会はないということになります。

「静的な決算書」と「動的な決算書」

会計が使えることが、**「決算書を見ること」**でも**「数字に強い」**ことでも**「簿記ができる」**ことでもないというならば、一体、どのような会計知識を身に付ければよいのでしょうか。

身に付けるべき会計知識を規定する前に、2種類の決算書の違いを理解していただく必要があります。

会計は、企業活動のすべてを「決算書」に集約しますが、この決算書は、**「静的な決算書」**と**「動的な決算書」**に分けられるのです。

「静的な決算書」とは

「静的な決算書」とは、決算期末を迎えてから作成される**「結果としての決算書」**を意味します。

皆さんが目にしている決算書は、すべて、この「静的な決算書」です。なぜ「静的」なのかと言えば、これら決算書の利益は、皆さんが、どれだけ会計知識を駆使しても変化させることができないからです。

その理由は、明快です。

それは、**過去の数字**　であり

それは、**他社の数字**　だからです

「静的な決算書」、つまり、通常の決算書は、決算日が過ぎてから、過去の事業年度における活動の結果を示します。その中に含まれる取引は、すべて過去のものですから、決算書が出来上がってから利益を改善することはできません（それが、可能になるのは、粉飾決算だけです）。

また、皆さんの日々の活動が影響を与える決算書は、世の中にひとつしか存在しません。

それは、**自分の会社の決算書**だけなのです。

「決算書の見方」を学び、他者の決算書を分析することで、自社で利用するための参考情報を得ることは可能です。しかし、その決算書の数値自体を改善できるのは、その会社に所属している従業員の方々に限られます。

読者の皆さんが解決すべき問題は、皆さんが所属している会社の決算書の中にしかありません。他社の決算書をいくら議論しても、それは評論以上の意味を持たないのです。

これは、「静的な決算書」が役に立たないという意味ではありません。「静的な決算書」は、株式投資や決算報告等のさまざまな局面で利用され、外部利害関係者へ企業活動を報告する重要な情報です。

また、決算期末を迎えてから「静的な決算書」を作成するためには、多くの会計知識を必要とし、財務・経理部門の方々にとっては、そのような会計知識の習得は必須事項です。

しかし、本書のテーマとなる**「一般部門の社会人の方々が、利益を獲得する局面」**においては、「静的な決算書」の知識だけでは対応できないのです。

それが、過去の記録であり、それが他社の記録であるだけではなく、「利益を獲得する」という企業活動の過程においては、「静的な決算書」は、まだ作成前であって、存在もしていないからです。

「動的な決算書」＝「決算書の動的な変化」

では、もうひとつの**「動的な決算書」**とは、どのようなものでしょうか。

それを言い換えれば、

「決算書の動的な変化」

を理解することです。

もっと単純に表現するならば、

「それをすると、利益は増えるのか？」

「自分の行動は、自社の決算書のどの箇所に影響を与えるのか？」

を理解することが「動的な決算書」の本質です。

「動的な決算書」の知識とは、自らの行動の結果、利益は増えるのか減るのか、決算書は大きくなるのか小さくなるのかといった、決算書の変化の方向を理解することなのです。

経営者が、出来上がった自社の決算書を眺めたときには、既に勝負はついています。日々の経営における意思決定は、決算書が出来上がる前に行われます。

経営者が会計を意識していなかったとしても、日々の経営とは、決算書を動的に変化させることにほかなりません。

「利益を獲得する」ために必要な会計知識は、財務・経理部門に求められる決算期末を迎えてから作成する「静的な決算書」の知識ではなく、自社の決算書と自分の行動の関係を知るための「動的な決算書」、つまり**「決算書の動的な変化」**に関する知識です。

皆さんが今まで、様々な会計書籍を読んできても、実務に応用できなかった理由は、この2種類の決算書の違いを意識していなかったためなのです。

本書は、これから**「決算書の動的な変化」**とは、どのようなものなのか、また、動的な変化を理解するための手法について説明していきます。

2 本書のアプローチ

会計はジグソーパズルである

ここでは、本書の全体像をつかんでいただくために、本書が採用するアプローチについて説明しておきます。

本書が採用するアプローチのキーワードは「ジグソーパズル」です。

決算書は、貸借対照表（B／S）、損益計算書（P／L）、キャッシュフロー計算書（C／F）、株主資本等変動計算書（S／S）という4種類のピースから構成される、ジグソーパズルにたとえられます。

従来のアプローチ①（ピースごとに暗記する）

従来の多くの会計書籍は、個々の決算書の見方を解説するものでした。それは、あたかも、ジグソーパズルの各ピースの形を、そのまま暗記するような話です。

ジグソーパズルには、同じ形のピースは含まれていませんから、各ピースの特長を覚えることによって、ピースを区別することは可能です。

また、各決算書は、パズルのピース以上に複雑な内容を含んでいますから、暗記すべき項目には事欠きません。そのなかから、各決算書ごとの重要ポイントがアドバイスされます。

「貸借対照表はここを見ろ！」
「キャッシュフロー計算書は、ここが重要！」

そうは言われても、一般の方々にとって、ジグソーパズルのピースの違いを理解するのは、なかなか難しいものです。そもそも、パズルのピースだけを眺めていても、それが、上か下かも検討がつかないからです。

ピースの上下を区別するためには、パズルを「組み立て」ていくしかありません。

従来のアプローチ②（パズルを組み立てる）

近年、増えているのは、決算書間の関係に着目し、決算書を一体で理解しようというアプローチです。決算書を個別に理解するのではなく、決算書のつながりに着目していく方法です。

ジグソーパズルでたとえるならば、個々のピースをバラバラのまま放置するのではなく、ピースごとに組み立てていこうというアプローチです。

このアプローチが優れているのは、決算書間のつながりが理解できるだけではなく、ある決算書の変化が、他の決算書にどのような影響を与えるかという決算書間の関係が見えてくるところです。

前述したアプローチ①のように決算書を個別のピースとして見ている限り、それは動きのない「静的な決算書」としてしか理解できません。しかし、決算書のつながりを意識することで、「動的な決算書」が見えてきます。

ただし、ジグソーパズルと同様で、個々のピースを組み合わせるのは骨の折れる作業です。

特に、ジグソーパズルに描かれている「**絵**」が、事前にわかっているかいないかで、作業の効率は大きく異なります。

単に決算書間のつながりを追うだけでは、できあがりの絵がわからないまま、ジグソーパズルを続けるのと同様で、非効率な作業にならざるをえません。

本書のアプローチ（パズルを分解する）

ジグソーパズルの各ピースを眺めているだけでは、それがどのような意味を持つのかわかりません。しかし、パズルが組み上がり、完成時の絵を知ることで、初めて各パーツの意味がわかります。

実は、会計もジグソーパズルと同様で、決算書の中に大切な「絵」が隠されているのです。この隠された「絵」は、決算書が組み合わされなければ見ることができません。

そこで、本書では、ジグソーパズルを組み上げていくのではなく、組み上がったジグソーパズルからスタートします。個々の決算書は、組み上がったジグソーパズルを分解したものととらえるのです。

ジグソーパズルを組み立てるよりも、分解するほうが簡単なことは明らかでしょう。ジグソーパズルは苦労して組み上げるところに楽しみがあるのだという方もいらっしゃるでしょうが、会計を学ぶのに苦労することはありません。

今まで皆さんが学んできた決算書の中にどのような「絵」が描かれているのでしょうか。その絵の中に、会計を解く「カギ」が隠されているのです。

会計の学び方

従来のアプローチ①　ピースごとに暗記する

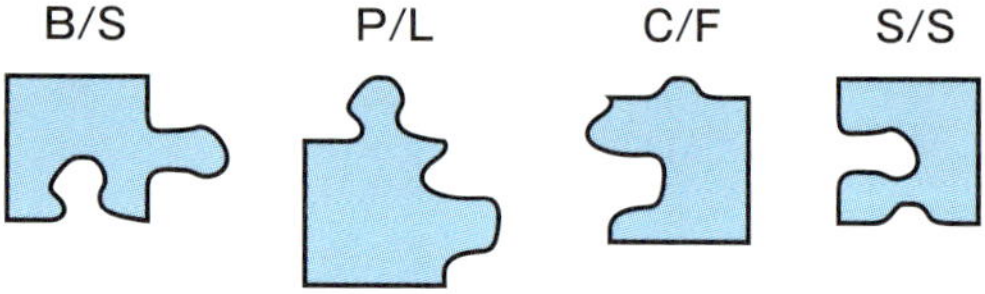

従来のアプローチ②　パズルを組み立てる

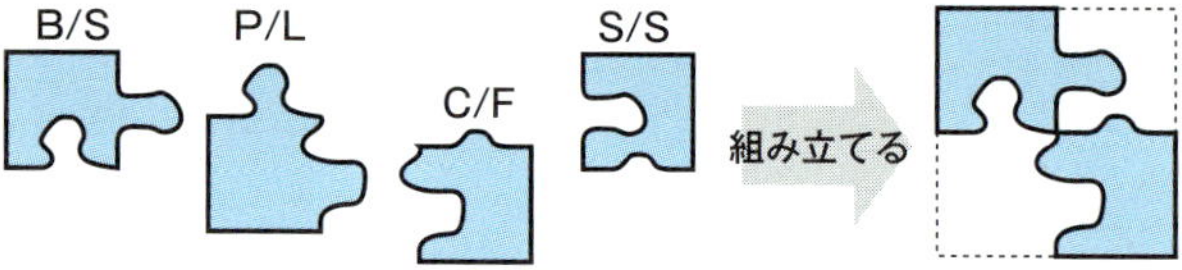

本書のアプローチ　パズルを分解する

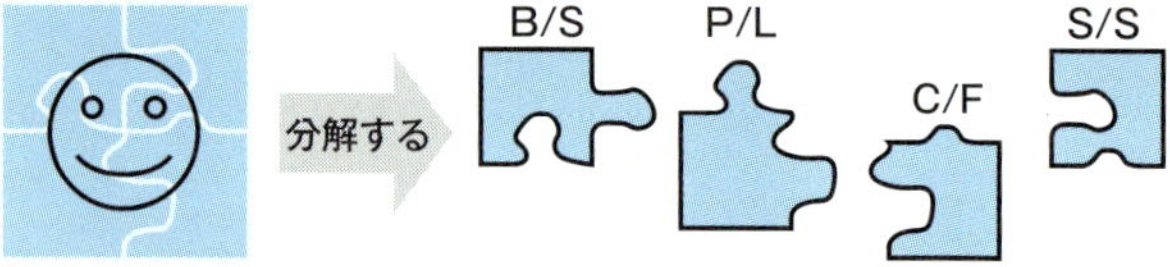

3 「借金を返すと儲かるのか」

会計のリトマス試験紙

本書の読者の皆さんも、過去に会計を学ぶ機会は何度かあったと思います。それは、学生時代に学んだ簿記の授業や、入社時の社内研修、独自に会計書籍で学んだ知識とさまざまでしょう。

皆さんの現在の会計知識をはかるためのリトマス試験紙のような質問があります。

それは、

「借金を返すと儲かるのか？」

という、極めて単純なものです。この質問に対して、皆さんは、どう答えますか。

さまざまな解答

儲かるか否かという質問ですから、その解答は以下の3種類に大別されるはずです。

利益が減る
利益が増える
利益は変わらない

皆さんの解答はどれでしょう。理由と一緒にお答えください。

解答例1　利益は変わらない

「借金を返すということは、
（借方）借入金　／　（貸方）現金
という仕訳になるから、利益に影響を与えないのでは？」

解答例２　利益が増える

「借金を返すと、将来の金利負担が減るから、利益は増えるのでは？」

解答例３　利益が減る

「もしも、負債利子率以上の投資案件があったならば、資金を借入金の返済に充当してしまうことで、機会損失が生じて利益が減る？」

解答例４　利益が減る

「借金を返すとお金が出て行ってしまうのだから、利益も減ってしまうのでは？」

解答例をお読みになられて、皆さんは、どのように思われましたか。実は、解答例４を除けば他の３つの解答はいずれも正解と言えるのです。

3つの階層

解答例1では、簿記の仕訳を用いて説明しています。

借金を返すという取引の仕訳は

【借方】借入金（負債）／【貸方】現金（資産）

借方側は負債の減少、貸方側は資産の減少を表していますので、この仕訳は損益に影響を与えません。

解答例2は、借金を返済すると、将来発生する金利負担（支払利息）が減少するため、借金を返済しない場合よりも利益は増加するというもので、読者の多くの方が、同様の意見ではないでしょうか。

解答例3は、財務およびファイナンス的な視点からの解答です。借入金の金利を上回る投資案件があった場合という条件が付きますが、その場合には、資金を借入金の返済ではなく当該投資案件に振り向けることによって利益を増加させることができるので（いわゆる財務レバレッジ効果）、資金を借入金の返済に充ててしまうことによって利益が減少する可能性について言及しています。

最後の、**解答例4**は、現金の収支と利益の増減を同一視しているため、明らかな間違いになります。

この「借金を返すと儲かるのか」という質問の主旨は、皆さんに正解を当ててもらうことではありません。

この単純な質問に対する解答として、利益が「**増える**」も「**減る**」も「**変わらない**」もすべて正解になり得るとはどういうことなのでしょうか。つまり、経営上の問題を検討するにあたっては、複数の階層（レイヤー）の存在を認識した上で、意思決定する必要があるのです。

先ほどの解答例1〜3を図表を用いて整理してみましょう。解答例は3つの階層に分けられます。まず、最下層の階層1に解答例1の簿記的な考え方、次の階層2に解答例2の一般的な会計・経営的な考え方、最上位の階層3に解答例3の財務・ファイナンス的な考え方が位置します。

掛け算の前に足し算を学ぼう

現在、書店に並んでいる会計書籍では、会計から経営、財務、マーケティングまで、複数のジャンルの議論が混在して説明されています。それは、多くの読者に、会計への興味を持ってもらいたいという著者の方々の努力の表れです。

同様に、会計に対する嫌悪感を和らげるために、多

会計の階層

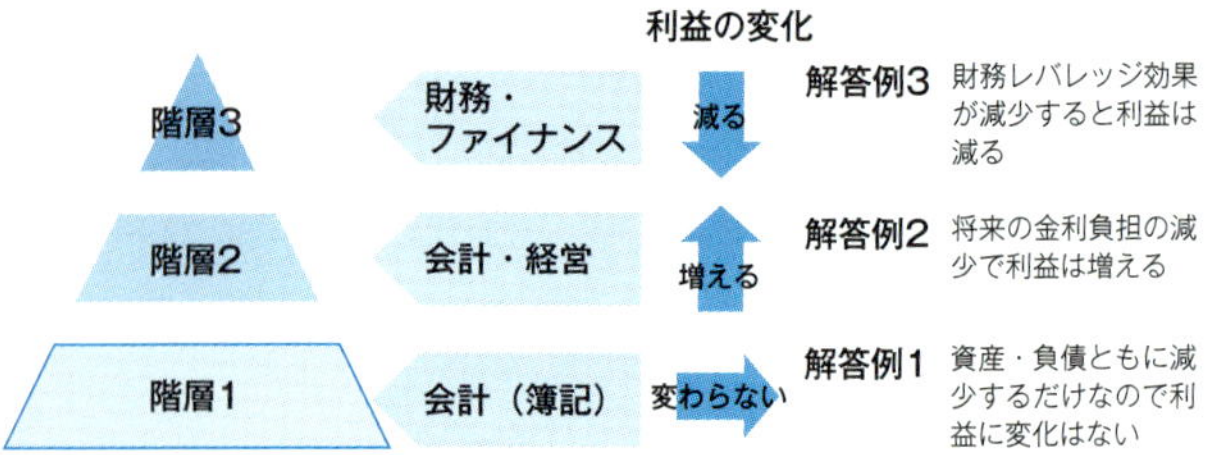

くの書籍では

「決算書が読めればよい、簿記は不要」

というアプローチが採用されており、それは、この図において、階層1を省略して、階層2から説明を始めることを意味します。

しかし、これが混乱の原因なのです。

会計を簿記から学べと言うのではありません。問題は、階層1の部分を省略することによって、階層1と階層2の間にある境界線の存在を認識できない点にあるのです。

この境界線を認識できないと、ビジネスにおいて最も重要かつ基本的な、

「それを行うと儲かるのか」

という問いに対して解答することができません。

語られない階層

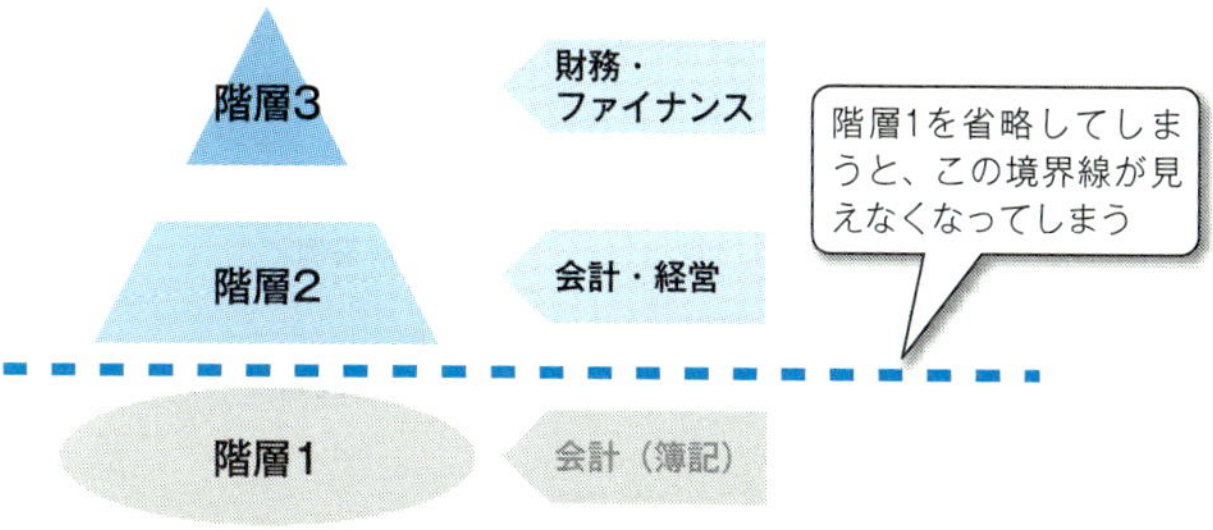

この状況を算数に置き換えるならば、最下層の簿記的な考え方が足し算・引き算であり、その上の経営や財務的な考え方は掛け算・割り算にあたります。

多くの方々の会計知識は、足し算を省略して掛け算を覚えている状況と一緒なのです。

足し算を知らなくても掛け算を身に付ける方法はあります。「3×4＝12（さんしじゅうに）」というように九九《くく》を暗記してしまえば良いのです。しかし、そのような方法で解ける問題は限られます。

「さんしじゅうに」を覚える前に、「3を4回足すと12になる」ことを省略してしまっては、算数を現実の生活に応用することはできないでしょう。

階層1を省略した会計知識も、まったく同じことです。流動比率の計算式や、引当金の種類をいくら覚えても、

「流動比率を改善するためにどうすればよいのか」

「引当金を取り崩すと利益はどうなるのか」
という実務上の問題へ応用できません。

それ以上に、この階層1の部分を理解しない限り、どんなに単純な経営上の判断でも、**自信を持って**解答することができないのです。その典型例が、この「借金を返すと儲かるのか」という単純な問いです。

例えば、先ほどの問いにおける

解答例4「お金が減るから利益も減る」

に対して、皆さんは、その誤りをどのように説明されますか。

利益とキャッシュフローが違うことは、なんとなくわかっていても、具体的に説明するのは難しいと思います。その理由は、階層1の知識が欠落しているからです。「会計がわからない」とか「会計が使えない」真の理由は、この階層1の知識の欠落にあるのです。

階層1の領域は、会計以外の手法では説明することのできない、正に「真の会計」とも言える領域です。しかし、その肝心な会計の根幹部分を会計書籍から身に付けることができないのが現状なのです。

会計の闇

その一方で、階層1に位置する「簿記」というのが厄介です。この「簿記」という一言が、多くの人々を苦しめ、会計嫌いを増やしてきた事実は否めません。

実は、会計書籍で簿記が邪魔者扱いされるのには明快な理由があります。それは、「簿記」という文字が目につくと本が売れないからです。実際、私も、会計セミナーの講師を依頼される際に、主催者側から簿記の話は項目に入れないでくれと頼まれたことがあります。それほどまでに、簿記に対するアレルギー感情は強いのです。

では、簿記がわからない限り、会計を身に付けることはできないのでしょうか。

繰り返しになりますが、会計を実務に応用するにあたって、「決算書だけ読めればよい」という目標設定は不適切です。さりとて「簿記を身に付けなければならない」わけでもありません。

皆さんが、身に付けるべき知識は、

「なにをしたら」↓「どうなるのか」

という単純な理屈であり、それは、会計における**「決算書の動的な変化」**を理解することにほかなりません。

この「決算書の動的な変化」を学ぶために、「簿記」を覚えていただく必要はありません。覚えていただきたいのは、本書で説明する、たったひとつの**「会計の公式」**だけです。この「会計の公式」さえ身に付ければ、会計のすべての問題を解くことができるのです。

4 会計を知らずにすむのか

会計を知らない経営者について行けるか

本書は、財務・経理部門以外の一般部門で働かれている方々を読者に想定していますが、なかには、「結局、会計は経理部や財務部の仕事であって、自分の仕事とは関係ない」と思われている方もいらっしゃるでしょう。

そう思われている方々に、ひとつ質問があります。

「皆さんは会計を知らない経営者について行けますか？」

経理部や財務部の方々が会計知識を身に付けるのは当然です。では、経営者は会計を知らなくてもよいのでしょうか。会計と経営は違うのは確かですが、経営者が会計をまったく知らないとなると社員としては不安になるでしょう。

「経営者なら会計ぐらい知っておくべきだろう」

と思われる方が多いと思います。

では、次に、もうひとつ質問をさせてください。

「皆さん自身は、経営者にはならないのでしょうか」

このような、質問を投げかけると、「部長になれるかもわからないのに社長になれるわけがない」「自分は独立志向はない」「もうこの歳だから、独立など考えていない」と答えられる方が多いでしょう。

しかし、現在、会社にお勤めの皆さんでも、今後、経営者という立場になる可能性は極めて高いのです。

定年退職は「独立」と同義語である

現在、会社にお勤めの方は、自分の会社の定年年齢をご存知だと思います。定年の仕組みは、再雇用制度の有無など会社によって異なりますが、一般的には65歳が上限になっています。

法制度は定年を引き上げる方向に動いていますが、実際の雇用情勢は、役職交代や早期退職制度などの導入によって、実質的な定年の引き下げが進んでいます。

定年まで働いたら、後はゆっくり過ごしたいと思う気持ちの反面、定年になっても、まだまだ働けると思われる方も多いでしょう。

知識集約型の産業が増加している現代においては、加齢にともなう肉体的衰えは、ハンディキャップになりません。実際、私も属している税理士業界の平均年齢は約60歳と言われており、先輩の先生方は60、70代でも元気に活躍されています。

そこで、今後は、定年後に、仕事と1日でも長くつきあう手段として、独立を選択される方々が増えていくことが予想されます。

野心を持って一念発起して経営者になる流れとは別に、定年からの自然な流れのなかで、個人として仕事を行うために経営者を選択することを考慮に入れれば、皆さんが経営者になるという未来も現実的なものとしてイメージできるでしょう。

さらに、現在の激変する経済環境下では、会社の存続も保証されるものではありません。定年まで勤めようと思っていた会社自体がなくなってしまう恐れもあります。いつか来る、その日のために、今のうちから会計に興味を持っておくことは、悪い選択ではないと思います。

独立の意味

「そう簡単に独立なんてできるものではない」と思われる方もいらっしゃるでしょうが、そもそも独立とはどのような状態を言うのでしょうか。

また、「独立できる」と「独立できない」の違いはどこにあるのでしょうか。

その答えは簡単です。独立するとは、その組織単位で利益を出し、資金繰りを維持し続けることであり、一言で言えば、**「会計的に」**独立することにほかなりません。

それは、規模の大小には関係ありません、個人であっても大組織であっても会計的に独立できるか否かが問題であり、志や資本関係の問題ではないのです。

私は、会計士として上場企業の組織再編のお手伝いをすることがあります。組織再編にあたっては組織戦略やグループ内の業務内容を考慮するのは当然ですが、最終的な結論は、その組織が会計的に独立可能か、つまり、利益を出し、資金繰りを維持できるか否かで決定されます。

この会計的な視点が欠落したまま、理想論だけで組織を分割することはあり得ません。反対に、会計的な視点を持っていれば、独立の可能性を合理的に判断できるのです。

経営とは「決算書を動的に変化させること」とご説明しましたが、それは、単に決算書を変化させればよいのではなく、利益を出し、資金繰りを維持できるような方向へ変化させなければなりません。

皆さんが実際に独立するか否かにかかわらず、皆さんの日常業務と経営者の意思を結びつけるためにも、会計知識を身に付けておくことが有益なのです。

第Ⅱ章　商売の記録と決算書

1 商売を始めよう

会計は恐くない

「会計」や「決算書」と聞くと、「難しい」と感じる方が多いようですが、会計は、商売の記録を残すための手段にすぎません。

この章では、皆さんの肩の力を抜いていただくために、単純な商売の流れを追いながら、会計が、商売の必然から生み出された極めて自然なものであることをご説明しましょう。

商売を始めるために必要なもの

突然ですが、皆さんが、りんご売り（？）を始めるために会社を辞めて独立したと仮定しましょう。

ところで、商売を始めるには何が必要でしょうか？

努力と根性も大切ですが、一番必要なのはお金《カネ》です。ちなみに、退職時の、あなたの所持金は１００円とします。

全財産の１００円を持って、商品のりんごを買いに市場へ出かけます。しかし、現実は厳しいもので、市場で売っているりんごの値段は２００円。そこで、あなたはどうしますか？

ここで、あきらめてしまっては商売はできません。何とかして商品を買えるだけのお金を工面しましょう。幸い友人の鈴木さんから５００円を借りることができました。

自分の出した１００円と鈴木さんから借りた５００円、合わせて６００円を持って、もう一度、市場へ出かけ、１個２００円のりんごを３つ買うことができました。

ここで、１日目の仕事は終わりです。

1日目の夜に

1日の仕事を終えて、家に帰ったあなたは何をしますか。自分が持っているものを確認したくなるのではないでしょうか。

まず、お金はいくらありますか。最初に100円持っていて、鈴木さんに500円借りましたが、600円払ってりんごを買ってしまったので手持ちのお金は0円です。

しかし、一文無しになったわけではありません。お金の代わりに商品のりんごを3個手に入れました。これを紙に記録しておくならば、

「りんご　3個」と書くでしょう。

ところで、これは、いくらのりんごでしょうか？

1個200円で買いましたから、3個で600円分のりんごになります。自分が、現在、持っているものを数えて金額と一緒に記録するならば、

「りんご　3個　600円」と書き込むでしょう。

そこに、お金を貸した友人の鈴木さんがあなたの様子を見に来ました。鈴木さんが貸した５００円は、もうそこにはありません。既に３つのりんごに形を代えてしまったからです。

貸したお金が見当たらない鈴木さんは、お金が返ってくるのか心配になってきました。

そもそもお金に名前を書いておくわけにはいきませんし、さらに、そのお金が手元にないならば、どこかに記録を残しておかなければ、後で忘れられてしまうかもしれません。

そこで、鈴木さんはあなたにこう言います。

「僕が５００円貸していることを忘れないように書いておいてよ。」

そう言われて、あなたは鈴木さんから５００円借りていることを別の紙に記録します。鈴木さんと同じように自分

1枚目の紙

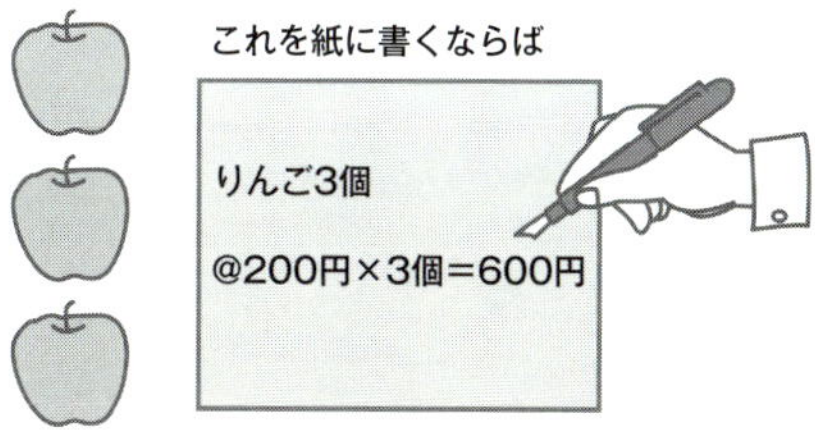

も１００円出していますから、それも合わせて書き込んでおきましょう。

ここまでで、２枚の紙ができました。それぞれの紙に書き込んだ金額を合計してみてください。１枚目は６００円、２枚目は５００円足す１００円で６００円。どちらも同じ金額になります。

これは、偶然ではありません。いずれも、今、目の前にあるりんごについて記録したものだからです。３個のりんごをモノとして見れば、２００円×３個の６００円。そのりんごを買うためのお金の出所を考えてみると、鈴木さんから借りた５００円と自分が出した１００円を合わせた６００円。りんごという１つのものを、それを手に入れるために支払ったお金と、そのお金の出所という２つの視点で見ていただけで

2枚の紙

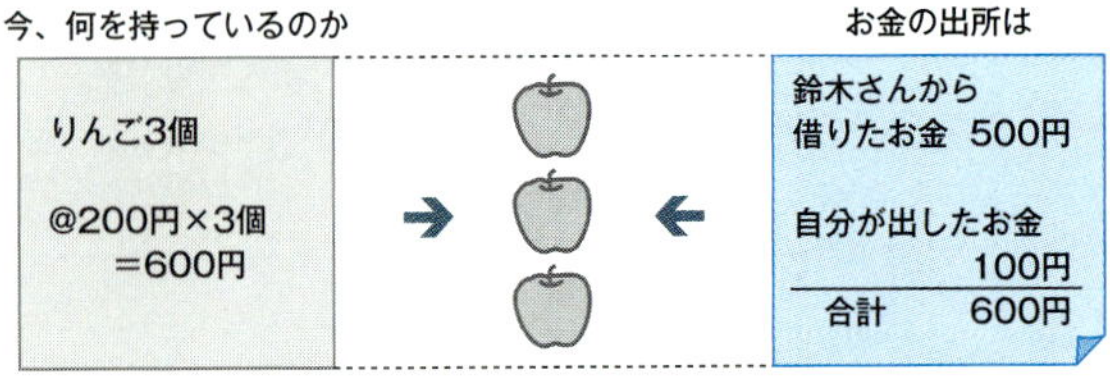

すから、2枚の紙に書かれた金額は必ず合致するのです。

実は、絵描き歌のようにできあがった、この2枚の紙を左と右に並べたものが、**「貸借対照表」**です。英語ではBalance Sheetというため、略して**B／S**（ビーエス）と呼ばれています。

2日目の商売

商売を始めて2日目になりました、今日は仕入れたリンゴを売りに街へ出かけます。リンゴ1個500円で売り始めたところ、早速、1個売れました。これは、幸先がいいなと思ったものの、それからは客足が途絶え夜になってしまいました。

とりあえず、今日は店じまいして家へ帰ります。2日目の仕事を終えたあなたに質問です。

「今日は、いくら儲かりましたか？」

この質問には、すぐに答えられるでしょう。

「今日の儲けは300円」

その通りです。では、この儲けの300円という金額はどのように計算したのでしょうか。

「200円で仕入れたリンゴが500円で売れたんだから差額の300円が儲けかな」

さらに、あなたが言葉で説明したことを、数式で表現するとどうなるでしょうか。

「500円引く200円は300円」

いくら儲かったかは、商売をするうえで最も大事なことですから、これも紙に記録しておきましょう。

今、書き上げた3枚目の紙が決算書のひとつである**「損益計算書」**になります。英語では「Profit & Loss Statement」ですので略して**P／L**（ピーエル）と呼ばれます。拍子抜けするほど簡単な内容ではないでしょうか。

儲けのことを会計では**「利益」**と言います。利益の金額は商売をして稼いだ**「収益」**から、収益を獲得するためにかかった**「費用」**を差し引いて算出します。

収益にはさまざまな種類がありますが、先ほどの500円はあなたが商品を販売して稼いだお金ですから「売上」と言います。

一方、売上を獲得するために提供した商品

儲けの記録

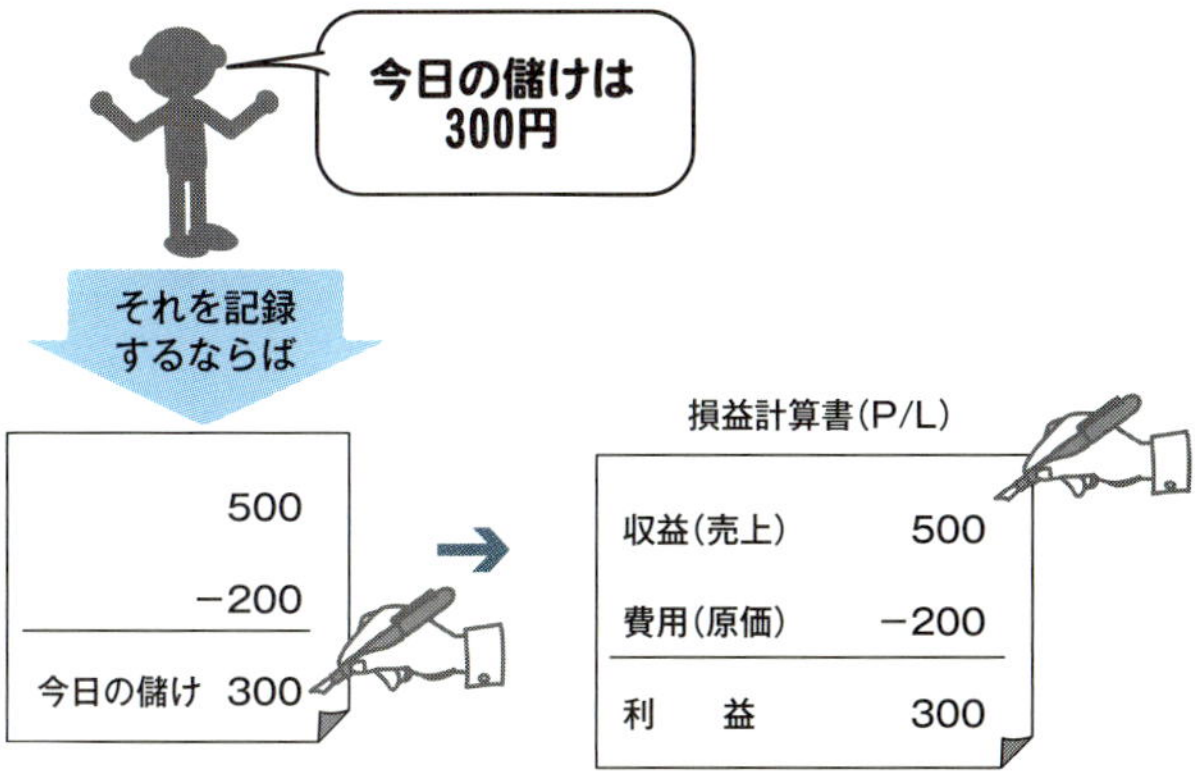

代金を「原価」と呼びます。

ただし、このような会計用語を、ここで覚える必要はありません。理解していただきたいのは、商売をする限り、誰でも常に「儲け」について考えており、「200円で買ったものが500円で売れたなら、儲けは300円になる」という、小学生でも理解できる算式を記録したものが損益計算書だということです。

もう一度、何を持っているのか

次に、1日目の終わりと同じように、2日目が終わった時点で、自分が持っているものを確認してみましょう。

リンゴ1個を500円で売りましたから、代金の500円を現金で持っています。3個持っていたリンゴの1個が売れてしまいましたから残ったリンゴは2個。1個200円で仕入れたリンゴなので2個で400円になります。

一方、お金の出所のほうは、鈴木さんから500円借りて、自分が100円出している状況は、1日目から変わりませんから、1日目の夜に書いた紙がそのまま使える気がします。

しかし、この2枚の紙を並べてみると、1日目のように合計金額が合いません。左側の合計金額900円に対して右側の合計金額は600円。300円の差が出てしまいます。この差の300円は、どこかで見たことがあるなあと考えているところに、また鈴木さんがやってきました。

儲けは誰のものか

昨日は鈴木さんに心配をかけてしまったので、あなたは今日の成果を報告します。

「今日は、ちゃんとリンゴが売れて300円儲かりましたよ。」

2日目の紙

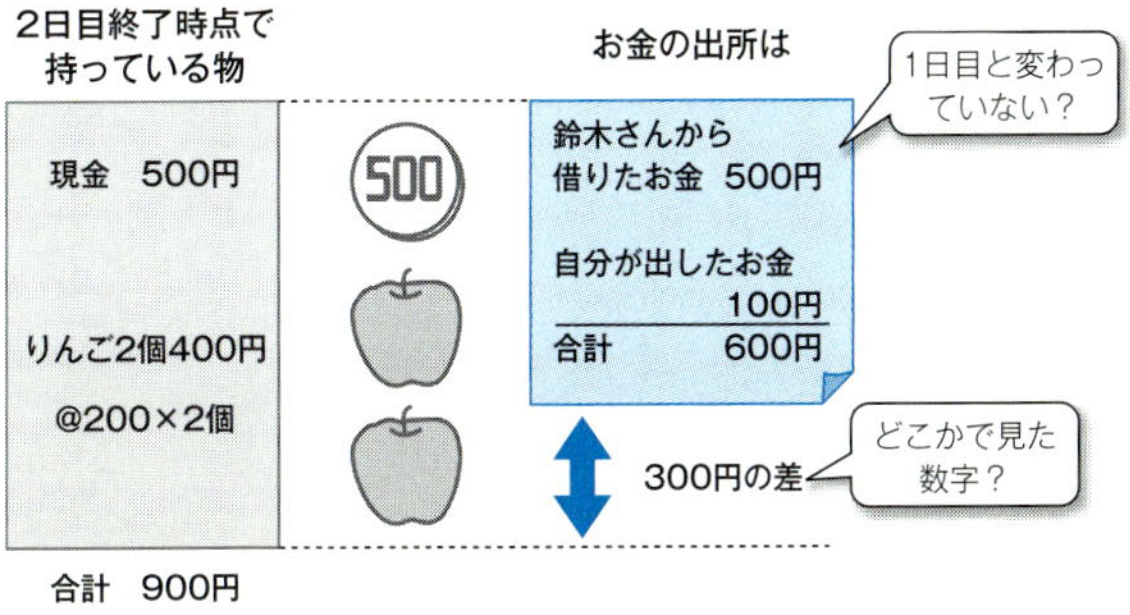

それを聞いた鈴木さんは、

「１日で、３００円も儲けたのなら、その半分ぐらいは僕に分けてくれてもいいよねえ」

そう言われて、あなたは考えてしまいます。

「そう言われると、そんな気がするなあ。５００円も出してもらっているのだから、儲けの半分ぐらいは渡したほうがいいのかなあ」

などと思ってしまったならば、あなたは商売に向きません。

この儲けの３００円は、誰のものでしょうか。誰がなんと言おうとあなたのものです。鈴木さんからはお金を借りているだけですから、借りた５００円だけ返せばいいのです（ここでは、借入金に対する利息を考慮していません）。

この儲けの３００円は、リスクを負って商売を始め、苦労してリンゴを売ったあなたのものですから、鈴木さんにあげる必要などまったくありません。鈴木さんには借りた５００円を期日までに返済すればいいのです。

ここで、ふと気がつきました。さっき考えていた2枚の紙の差の３００円は、儲けの３００円と同じ金額ではないですか。

そうなのです。右側のお金の出所は、変わっていないように見えましたが、稼いだ儲けの分だけ元手が増えているのです。したがって、右側のお金の出所の紙も書き直さなければいけません。

さて、利益の３００円はどこに書きましょう。鈴木さんから借りたお金の近くに書いておくと、また、鈴木さんが欲しがるかもしれません。この利益は、あなたが出した１００円と同様に、すべてあなたのものですから、鈴木さんから一番遠い下のほうに書いておくのがよさそうです。

儲けの３００円を書き足して、さらに、自分の持分がはっきりするように、鈴木さんの持分とを

2日目の紙の修正

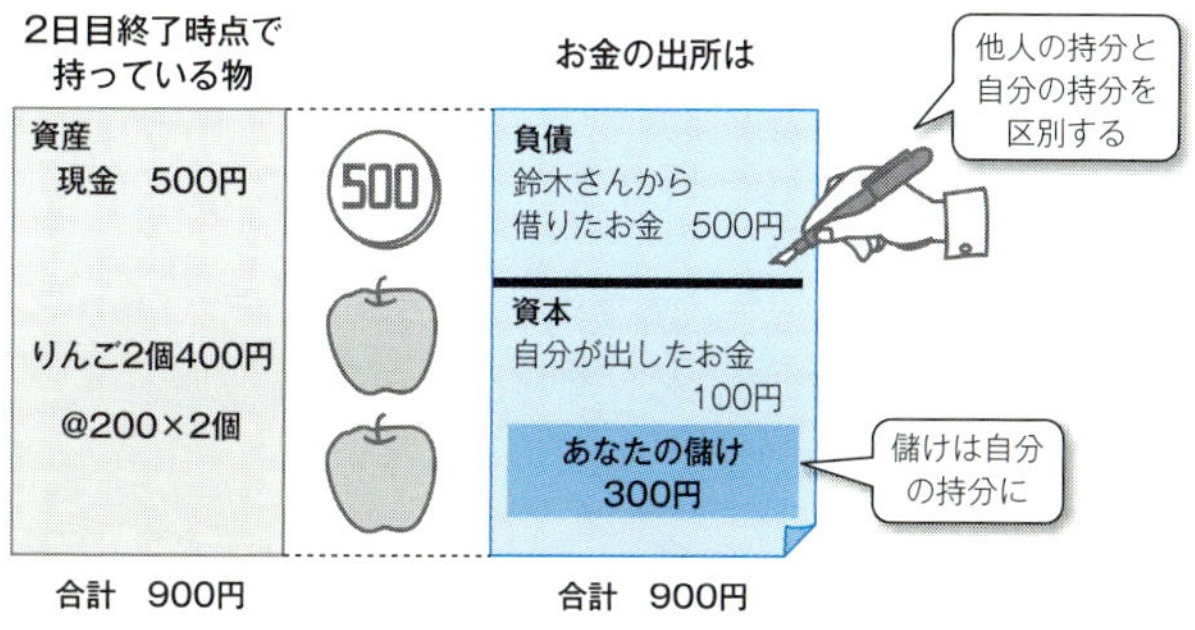

区別する境界線も引いておきましょう。

1日目に書いた2枚の紙を合わせたものを貸借対照表と呼びましたが、2日目も同様です。この2枚の紙の合計金額は９００円で同じになりますから、2枚並べて1枚の表にできるのです。

この時に、左側の「今、持っているもの」は、あなたの持っている財産を表しているので、会計用語で**「資産」**と呼びます。右側の紙は、先ほど引いた境界線で上と下に分けられました。下の部分は自分の持分を表す**「資本」**（注：現在の会計基準では、「純資産」と表現すべきですが、本書では理解を助けるために以降も「資本」と表現します）、上の部分は他人から調達した元手で、いつかは返さなければならないものですから**「負債」**と呼びます。

左側の「資産」は、会社に投入されたお金の使途を表し、右側は、そのお金をどのように調達したかを表していますので、左側の「資産」と右側の「負債」と「資本」の合計金額は、常に一致します。

2 決算書の誕生

貸借対照表と損益計算書の関係

ここで、1日目から書いた紙を順番に並べて整理してみましょう。

まず、1日目に書いた2枚の紙で1日目の貸借対照表ができました。

2日目はリンゴを売ったので、儲けの記録を残しました。これが、2日目の損益計算書になります。

さらに、1日目と同様に2日目が終わった時点で持っているものと、お金の出所を書いた2枚の紙を合わせて2日目の貸借対照表ができあがります。2日目は、儲けの分だけ元手が増えています。


いかがでしょうか。たった、2日間の商売でしたが、会計の中心となる損益計算書と貸借対照表ができてしまいました。これから先、どれだけ商売を続けていっても、この2つの表の関係は崩れません。ここまでのお話で皆さんに身に付けていただきたい会計の本質は以下の2点です。

●会計は商売の記録

今、自分は何を持っているのか。自分はどれだけ儲かったのか。このような、商売を行うならば必然的に求められる記録の集合が会計です。

貸借対照表や損益計算書という単語を聞くのは初めてでも、それらの表が意味することは、商売をやっていく過

貸借対照表と損益計算書の関係

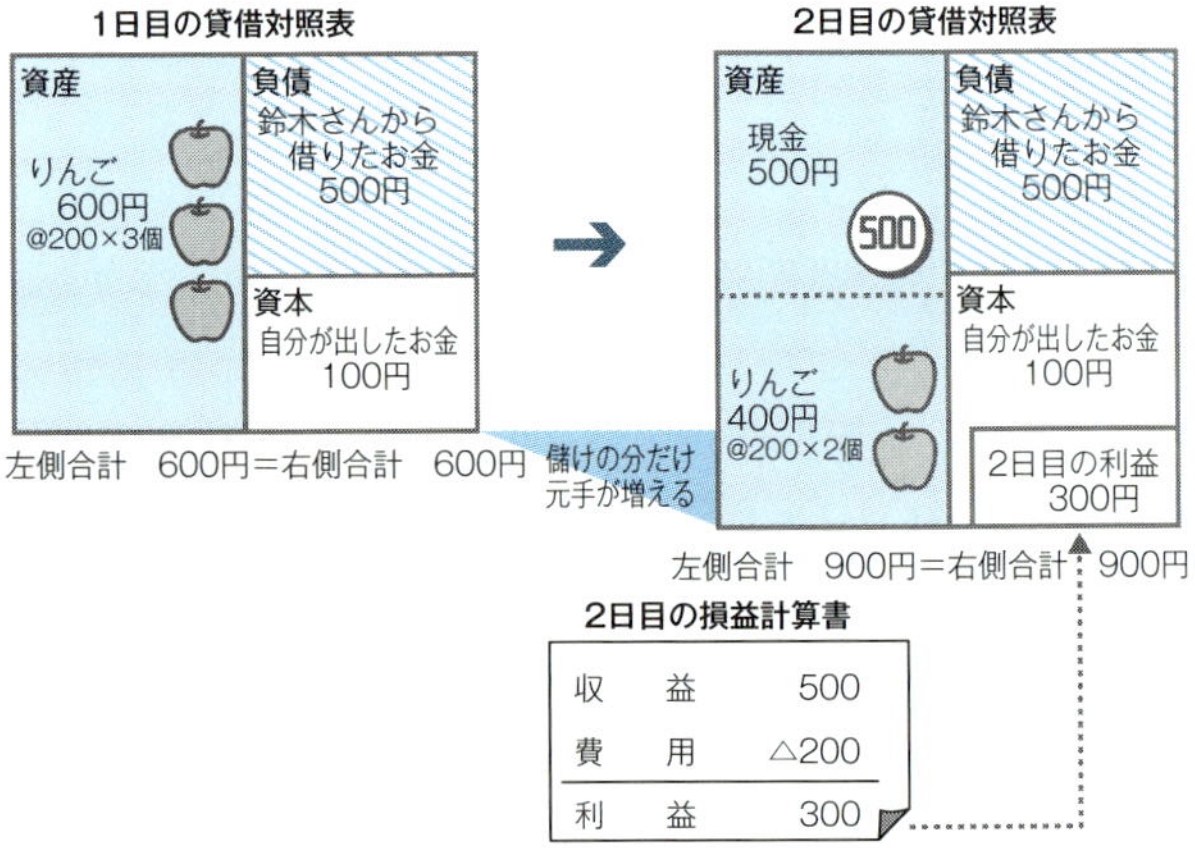

程でだれもが考えつくものです。

●金額で記録を付ける

記録はすべて金額に換算します。

金額に換算することで、本来ならば合計することが出来ない現金とリンゴを足し合わせたり、引き算することが可能になります。

数字が苦手という方もいらっしゃると思いますが、ひとつひとつの取引を「りんごを買う」「りんごを売る」といったように、文章で表現する手間を考えれば、商売の記録に数字を用いる便利さも納得いただけるでしょう。

第Ⅲ章　パズルの絵

1 パズルを組み合わせる

もう一度決算書へ

前章で、決算書の中心となる貸借対照表（B／S）と損益計算書（P／L）をご説明しましたが、その構造は極めて単純です。

本章では、前章で身に付けた知識を利用して、会計というジグソーパズルに書かれている絵の謎を解いていきましょう。

ここで、左側のページの、極めて単純な貸借対照表と損益計算書を考えてみます。

貸借対照表は、左側の「資産」と、右側の「負債」と「資本」の合計額が常に一致します。箱の大きさが金額の大きさを表すブロックで置き換えてみると、きれいに組み合わせることができます。

貸借対照表と損益計算書のブロック

貸借対照表

(資産)		(負債)	
現金	1,000	借入金	500
		負債合計	500
		(資本)	
		資本金	200
		利益剰余金	300
		資本合計	500
資産合計	1,000	負債·資本合計	1,000

貸借対照表

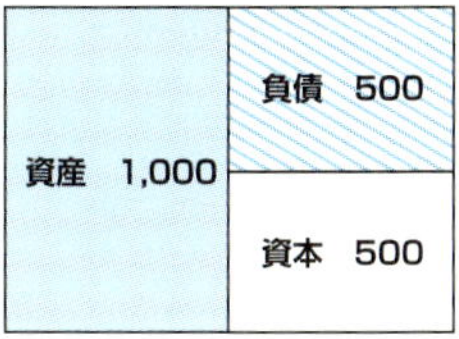

損益計算書

Ⅰ収益	1,000
Ⅱ費用	700
利益	300

損益計算書

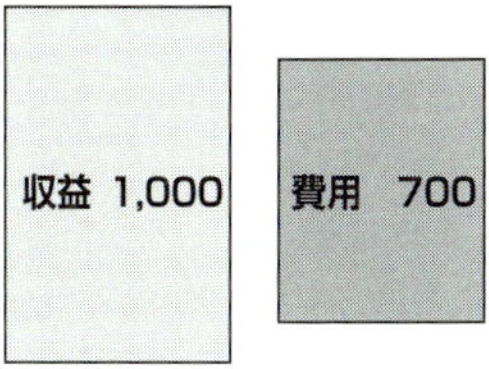

次に、損益計算書ですが、これを右と左に分けることができるでしょうか。とりあえず、金額の大きさを表す「収益」と「費用」の２つのブロックを用意してみましょう。

「資産」「負債」「資本」「収益」「費用」の５つのブロックがそろいました。貸借対照表の３つのブロックはバランスがよいものの、損益計算書の２つのブロックは、大きさが違ってアンバランスです。

ひとつ思い出していただきたいのですが、貸借対照表の資本の中には当期の利益が含まれていました。その金額は、損益計算書の２つのブロックの差額として求められる利益の金額と同額ですから、この部分を重ねれば、５つのブロックを組み合わせることができます。

つまり、左側に「資産」「費用」のブロック、右側に「負債」「資本」「収益」のブロックを積むのです。

会計の公式

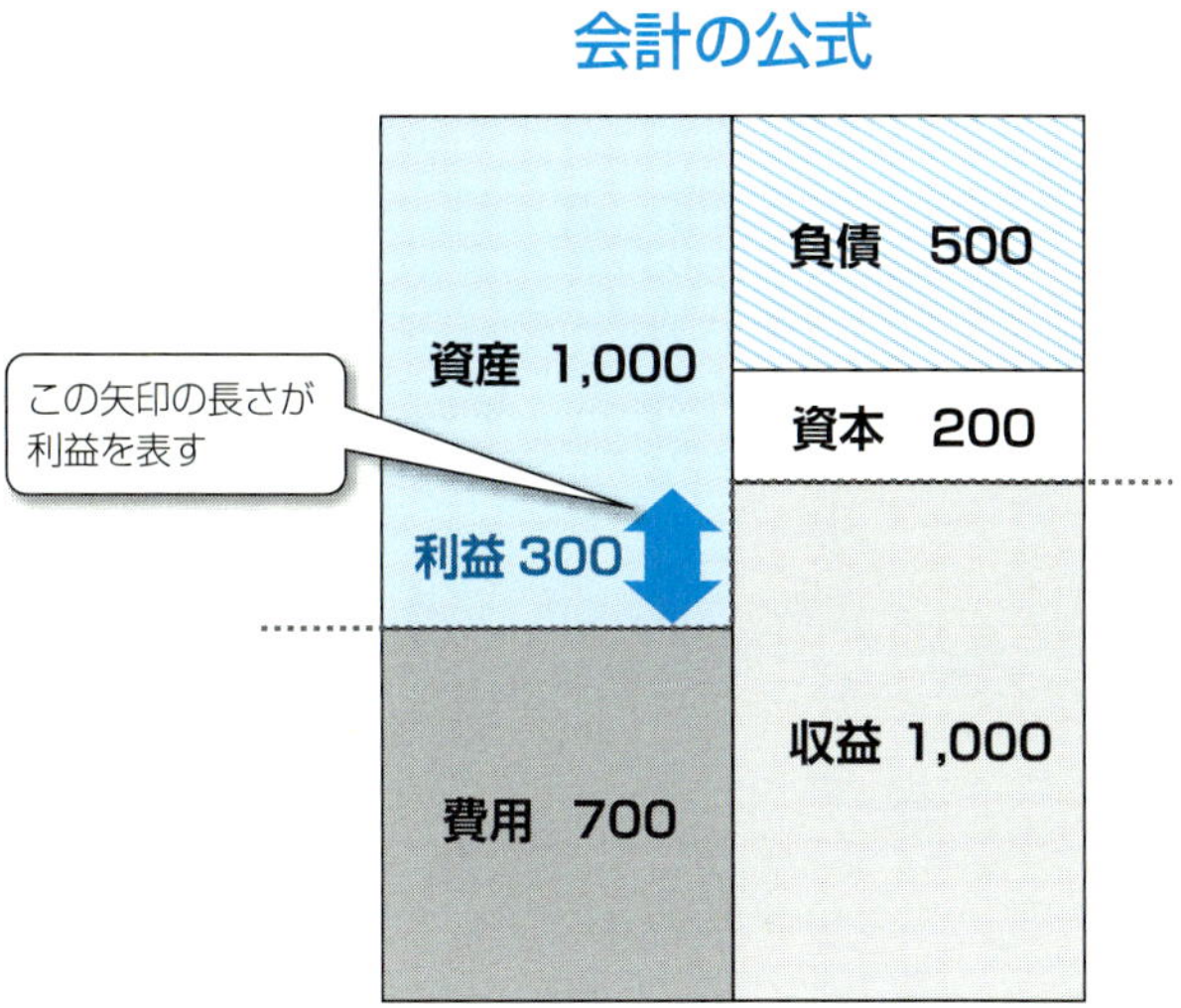
会計の公式
負債　500
資産 1,000
資本　200
この矢印の長さが
利益を表す
利益 300
収益 1,000
費用　700

会計の公式

5つのブロックを積み重ねることができました。これで、会計のジグソーパズルは完成です。では、組み上がったジグソーパズルにはどのような絵が描かれているのでしょうか。

それは、貸借対照表と損益計算書の重なり部分、つまり利益の大きさを表す**青い矢印**です。この矢印が、これから会計の謎を解くカギになります。

貸借対照表と損益計算書のブロックを組み合わせ、利益の大きさを表す矢印を書き込んだ、この図こそが、本書で、ただひとつ、覚えていただきたい**「会計の公式」**なのです。

会計ブロックを積む3つのルール

次に、決算書がどのように変化するかを見ていきましょう。

会計の世界には「資産」「負債」「資本」「収益」「費用」の5種類の要素しかありません。会社で行われるすべての取引は、この5つの要素を用いて表現できます。

先ほど、貸借対照表と損益計算書のブロックを組み合わせて作成した「会計の公式」に、取引ごとにブロックを積み重ねていきます。これから、これを**「会計ブロック」**と呼びます。

普通のブロックと違い、会計ブロックを積むときには、守らなければならない3つのルールがあります。

ルール1　列は右と左の2列
ルール2　「会計の公式」で定めた位置に積む
ルール3　右と左に同じ大きさのブロックを積む

ルール1　列は右と左の2列

会計ブロックを積むのは、右側と左側の2列です。右側に積むことと、左側に積むことは意味が違いますので注意してください。

ルール2　「会計の公式」で定めた位置に積む

5色の会計ブロックは、「会計の公式」の位置に、同じ色をまとめて積んでいきます。したがって、左の列の上から「資産」「費用」、右の列の上から「負債」「資本」「収益」の順番になります。

ルール3　右と左に同じ大きさのブロックを積む

取引が発生した都度、その取引を表すブロックを積んでいくのですが、ひとつずつではなく、必ず、左右に同じ大きさのブロックを積んでいきます。

守るべきルールは大きさが同じという点だけですから、右と左の色の組み合わせは自由です。

この3つのルールを守って会計ブロックを積んでいく限り、積み上げられた2列の

会計ブロックの3つのルール

ルール1

列は右と左の2つ

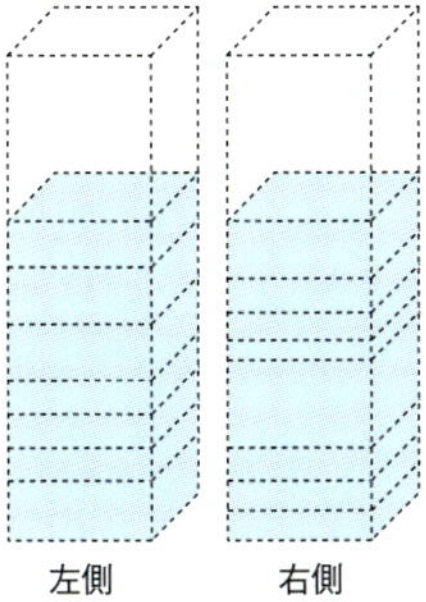

ルール2

「会計の公式」で定めた位置に積む

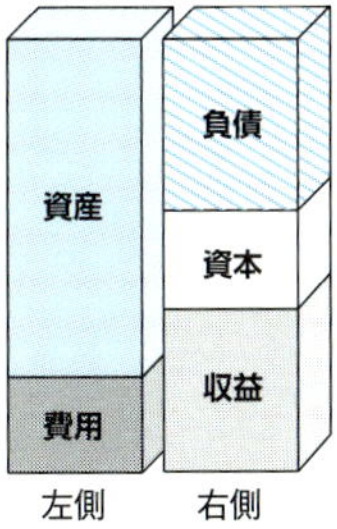

ルール3

右と左に同じ大きさのブロックを積む

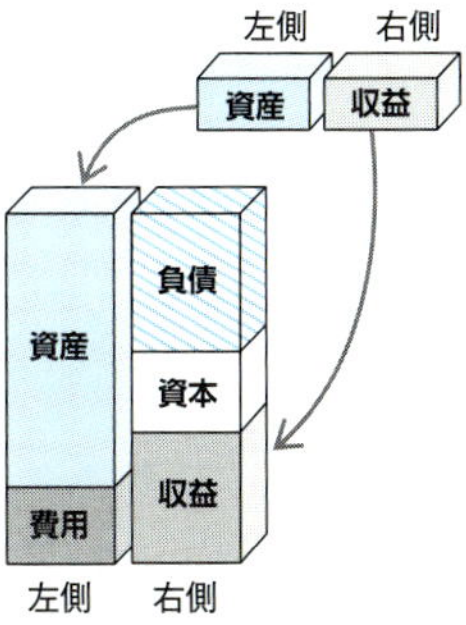

ブロックの高さは常に等しくなります。

会計ブロックを積んでみる　その1

それでは、実際に会計ブロックを積んでみましょう。

例えば、100円の売上があり、その代金を現金で受け取ったとします。この場合、左側に現金を表す100円の大きさの「資産」のブロック、右側に売上を表す100円の大きさの「収益」のブロックを積んでいきます。

（ブロックの組み合わせをどのように選ぶかは、この後でご説明しますので、まずは、ブロックの動きだけ確認してください。）

左のページをめくって、青い矢印の長さがどのように変化するかを確認してください。

会計ブロック　その1

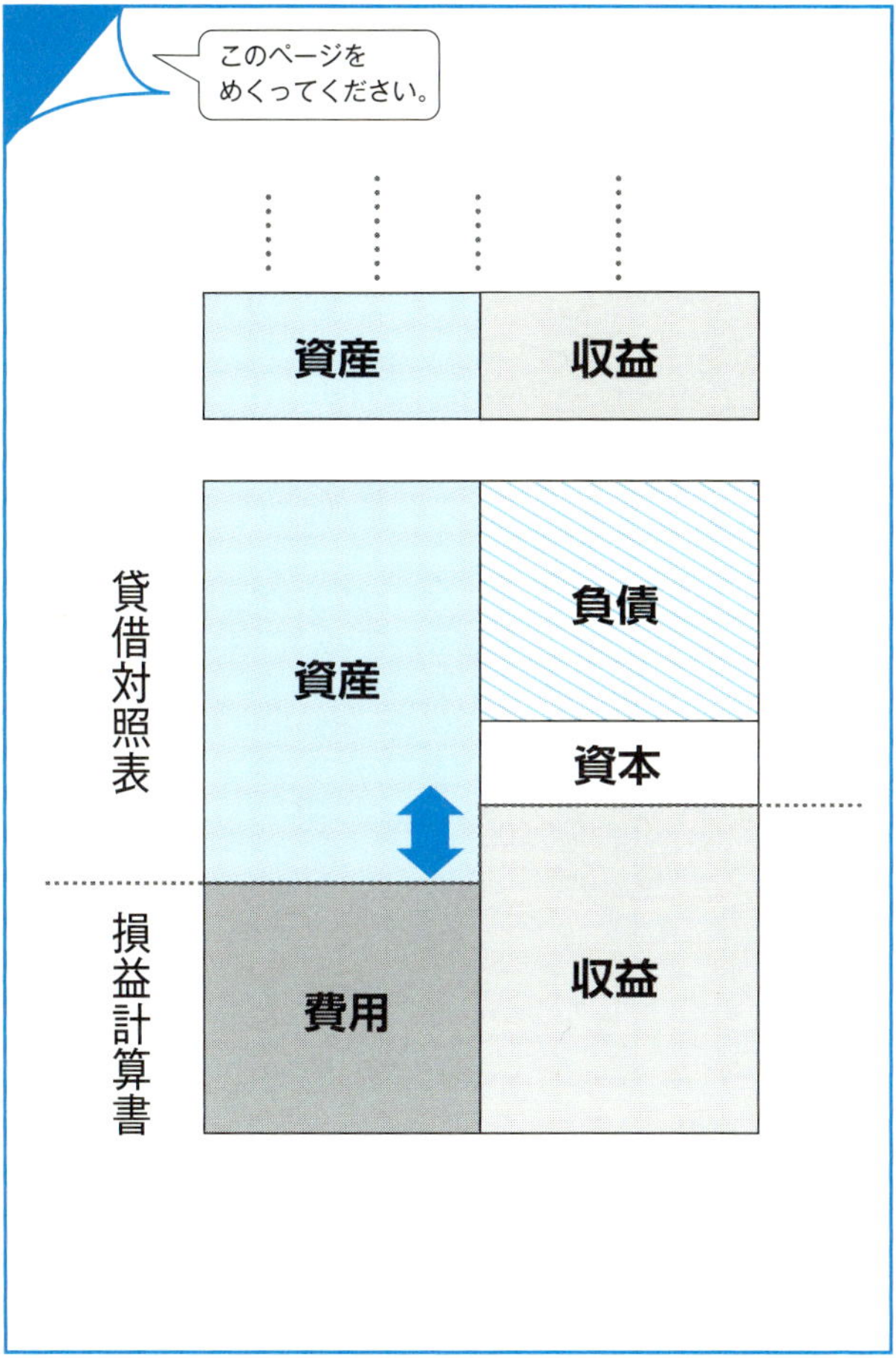
このページを
めくってください。
資産
収益
貸借対照表
資産
負債
資本
損益計算書
費用
収益

左側に「資産」、右側に「収益」のブロックを積むと、「会計の公式」の矢印が、積んだブロックの大きさだけ伸びていることがわかったでしょうか。

この矢印の変化こそが、**「決算書の動的な変化」**なのです。

もう一度、ゆっくり確認してみましょう。会計ブロックは「会計の公式」で定めた位置に積みますから、左側の「資産」のブロックの固まりは、積んだブロックの大きさだけ大きくなります。右側に積まれる「収益」のブロックも同様です。左右に同じ大きさのブロックを積むので、2つのブロックを積んだ後でも、右側と左側の列の高さは一緒です。

一方、会計の公式に書き込まれた矢印は、積まれたブロックの大きさだけ伸びています。この矢印が伸びるということは、その金額だけ利益が増加したことを意味しています。

会計ブロック その1

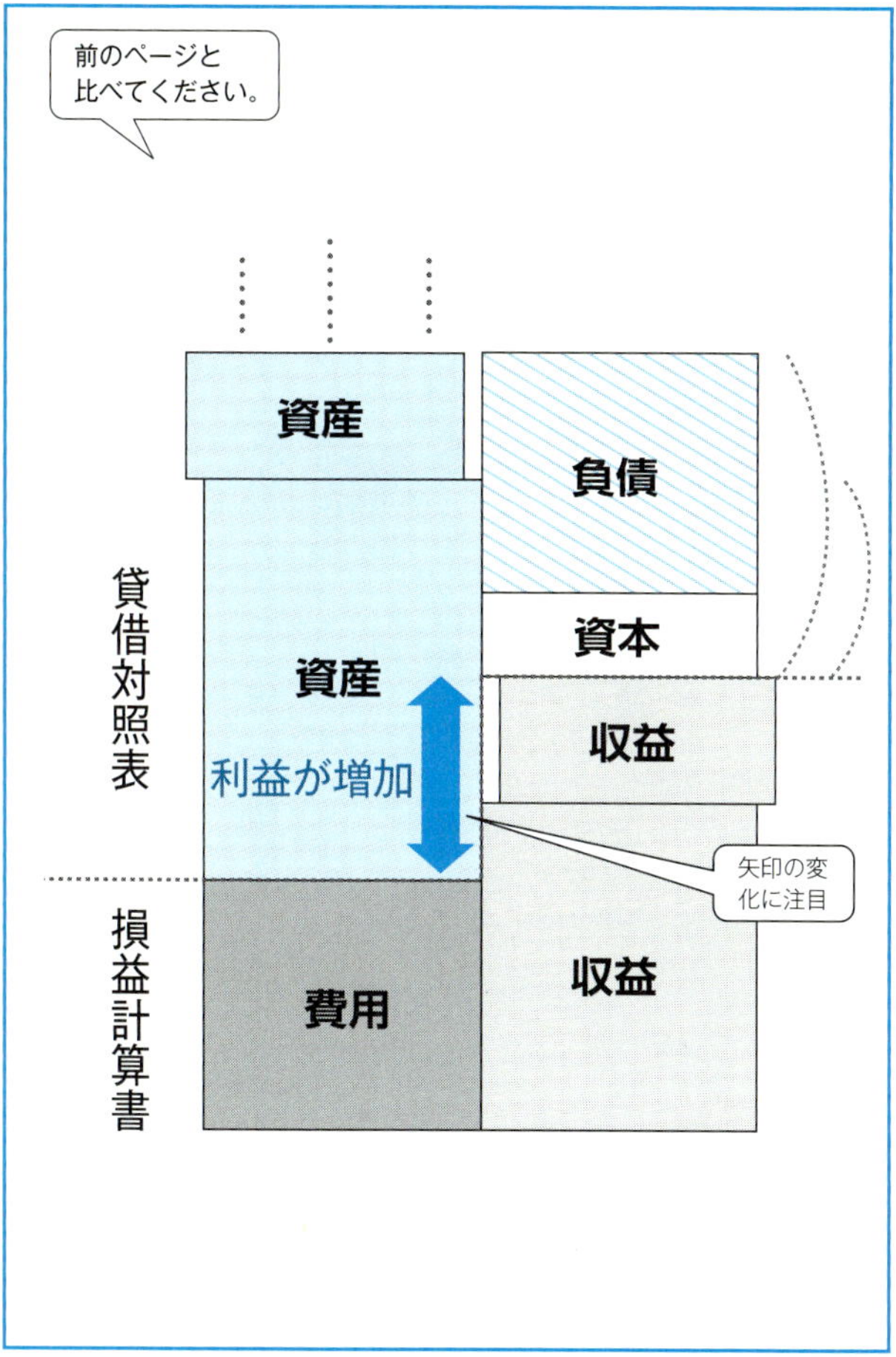
前のページと
比べてください。
資産
負債
資本
貸借対照表
資産
利益が増加
収益
矢印の変
化に注目
損益計算書
費用
収益

会計ブロックを積んでみる　その2

次は、銀行からの借入金100円を現金で受け取った場合を考えてみましょう。このとき、左側に現金を表す「資産」のブロック、右側に借入金を表す「負債」のブロックを積みます。なお、ブロックの大きさはいずれも100円分です。

左側の「資産」のブロック、右側の「負債」のブロックは、いずれも「会計の公式」の定位置と同じ側ですから、そのまま、同じ種類のブロックごとにまとめていきます。ルールに従って、左右に同じ大きさのブロックを積んでいく限り、左右のブロックの高さは常に一緒です。

再度、ブロックを積んだ後の矢印の変化を確認してください。今回のブロックの組み合わせの場合には、矢印の長さに変化はありません。つまり、この取引は利益に影響を与えないのです。

借金を返すとどうなるのか

第I章で質問した、「借金を返すと儲かるのか」という事例を会計ブロックを使って考えてみます。

借金を現金で返済した場合の会計ブロックの組み合わせは、先ほどの借入のブロックの反対の組み合わせになります。

したがって、左側に借入金を表す「負債」のブロック、右側に現金を表す「資産」のブロックを積みます。

では、早速、積んでみましょう。しかし、今までのようにうまく積むことができませ

銀行から借入をした場合

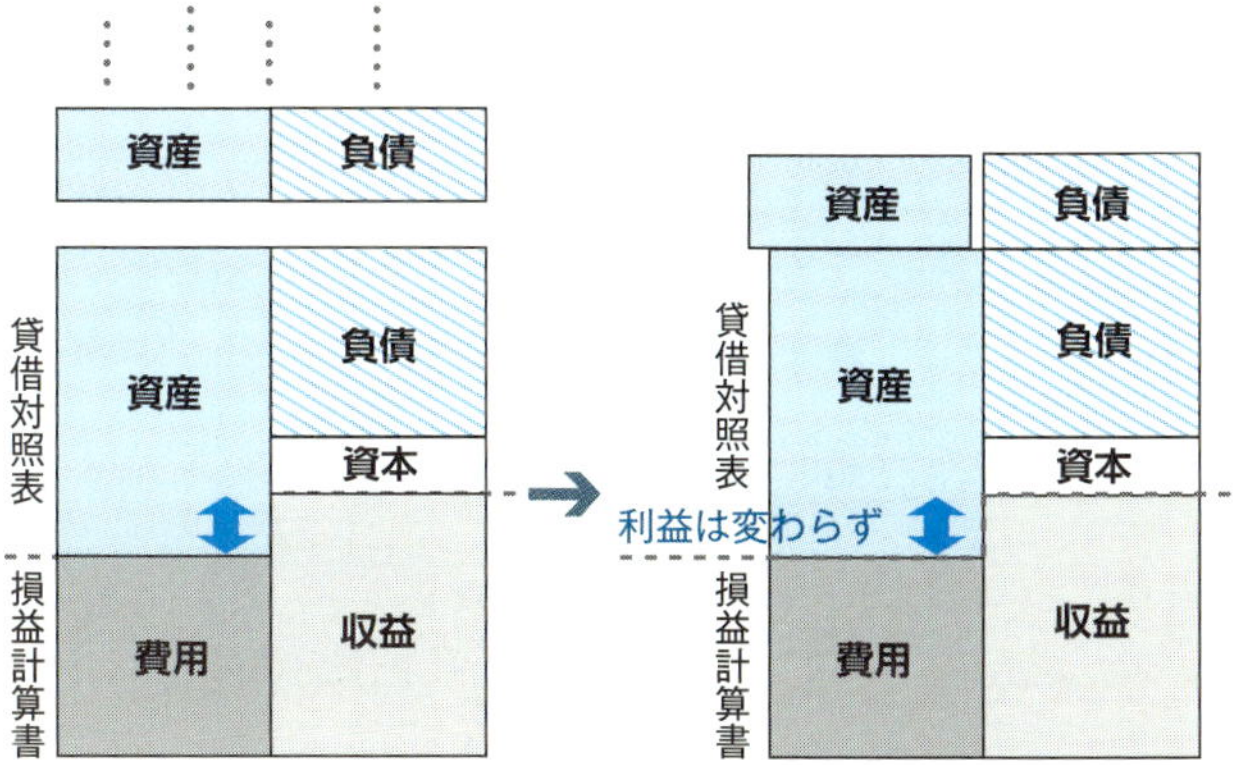

ん。なぜなら、会計ブロックを積む位置が会計の公式の定位置と反対になっているからです。このような場合には、どうすればよいのでしょうか。

2列のテトリス

皆さんは、テトリスというゲームをご存知ですか。

上から落ちてくるブロックを移動させながら積んでいくゲームです。このテトリスは、ブロックが横一列に並ぶと、どのような動きをするか思い出してください。

ブロックが一列に並ぶと、その列が消えてしまうのです。

借入を返済した場合

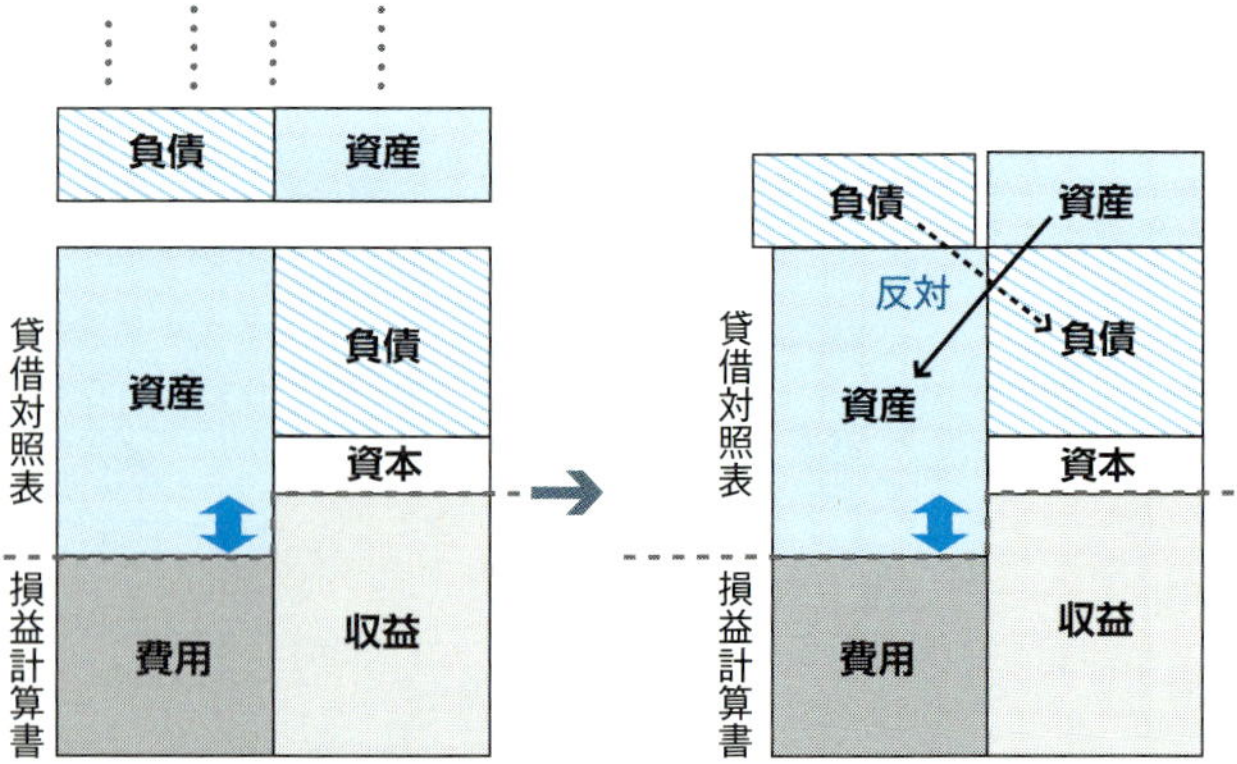

借入を返済した場合のブロックの動き（2列のテトリス）

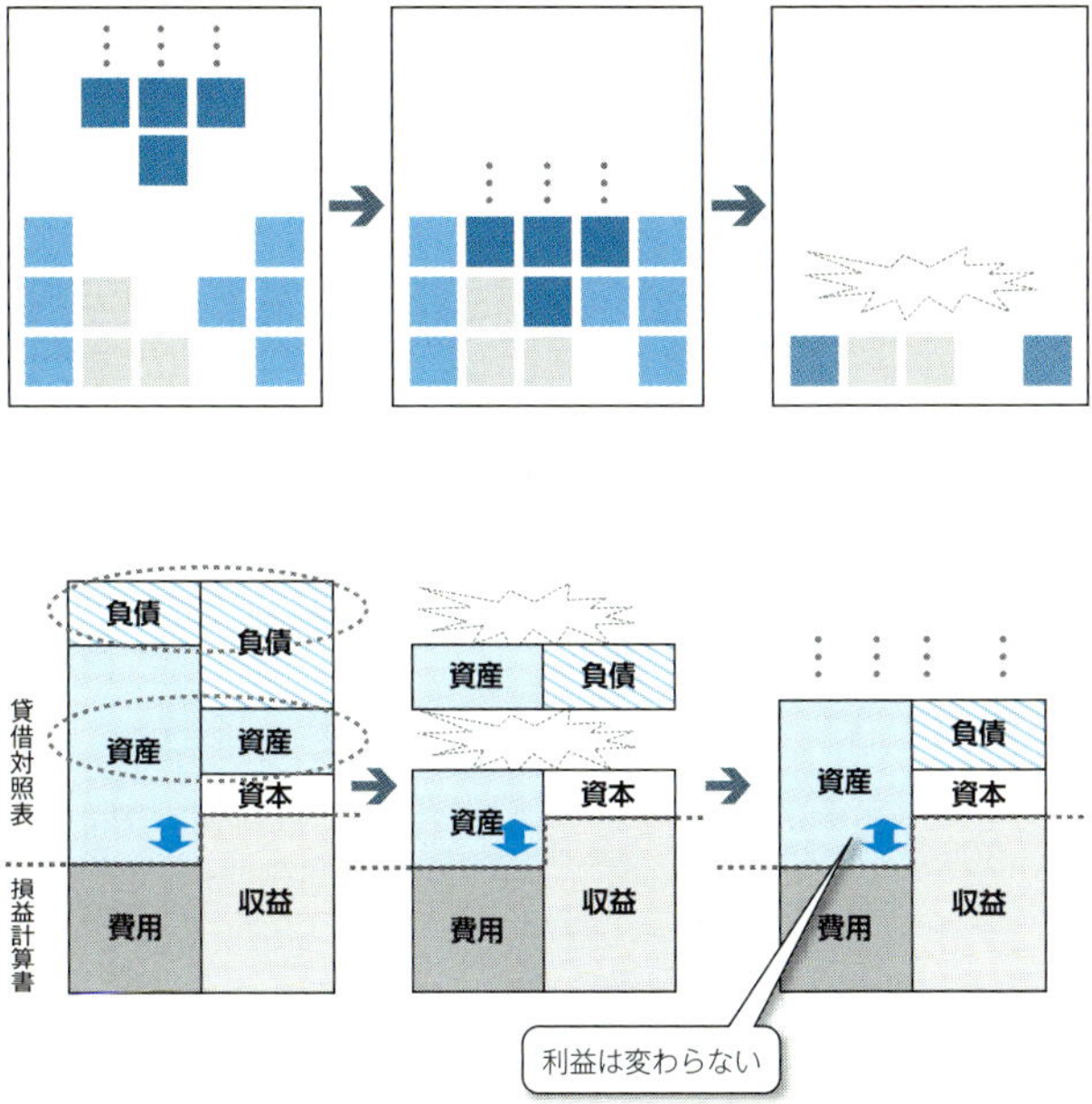

会計ブロックも、テトリスと同じ動きをすると考えてください。つまり、「会計の公式」の定位置と反対側にブロックが積まれると、その列が消えてしまうのです。

会計ブロックは**「2列のテトリス」**と考えていただければわかりやすいでしょう。または、「会計の公式」における定位置と**反対側に積むとき**は、その大きさだけブロックを**取り崩す**と考えていただいても結構です。

このルールに従ってブロックを積む限り、左右のブロックの列の高さは常に一緒です。

最後に、2つの会計ブロックを積み終わった後の矢印の変化に注目してください。ブロック全体は大きく変化しましたが、矢印の長さは変わっていません。したがって、借金を返済しても利益は変わらないのです。

「決算書の動的な変化」のイメージがわいてきたでしょうか。

大切なのは「会計の公式」に書き込まれた**青い矢印**の変化であり、それは利益の変化を表します。

利益が増えるか減るかは、会計ブロックの組み合わせによって決まります。収益が増えれば利益が増加し、費用が増えれば利益が減少することは会計ブロックを使わなくてもイメージできると思います。むしろ、

「利益は変わらないが、貸借対照表は大きくなる」
「利益は変わらないが、貸借対照表は小さくなる」

という取引の存在を理解するのに会計ブロックは役立ちます。

また、会計ブロックの積み方にはルールがありますから、**損益計算書だけを変化させることはできない**点にも注意してください。利益が増減し、損益計算書が変化するときには、**同額の影響が必ず貸借対照表側で発生**します。

このような「動的な決算書」の実態は、決算書を個別に理解するだけでは見えてこないのです。

パズルを分解する

会社の中では、毎日、毎日、さまざまな取引が行われます。各取引ごとに、取引の内容を表す会計ブロックの組み合わせを選び出し、ルールに従って積んでいきます。

そして、1年後の決算日を迎えたところで、積み上げられたブロックの固まりを、上半分と下半分に分けたものが、その会社の貸借対照表と損益計算書になるのです。

まさに、組み上がったジグソーパズルを分解するイメージと一緒ではないでしょうか。

最初から、ジグソーパズルが出来上がっているなんて、そんな都合のいい話があるのかと思われた方もいらっしゃるでしょう。しかし、実際の決算書の作成手順自体が、このような順序になっているのです。

簿記を学習された方はご存知だと思いますが、決算整理前の試算表の段階では、貸

パズルを分解する

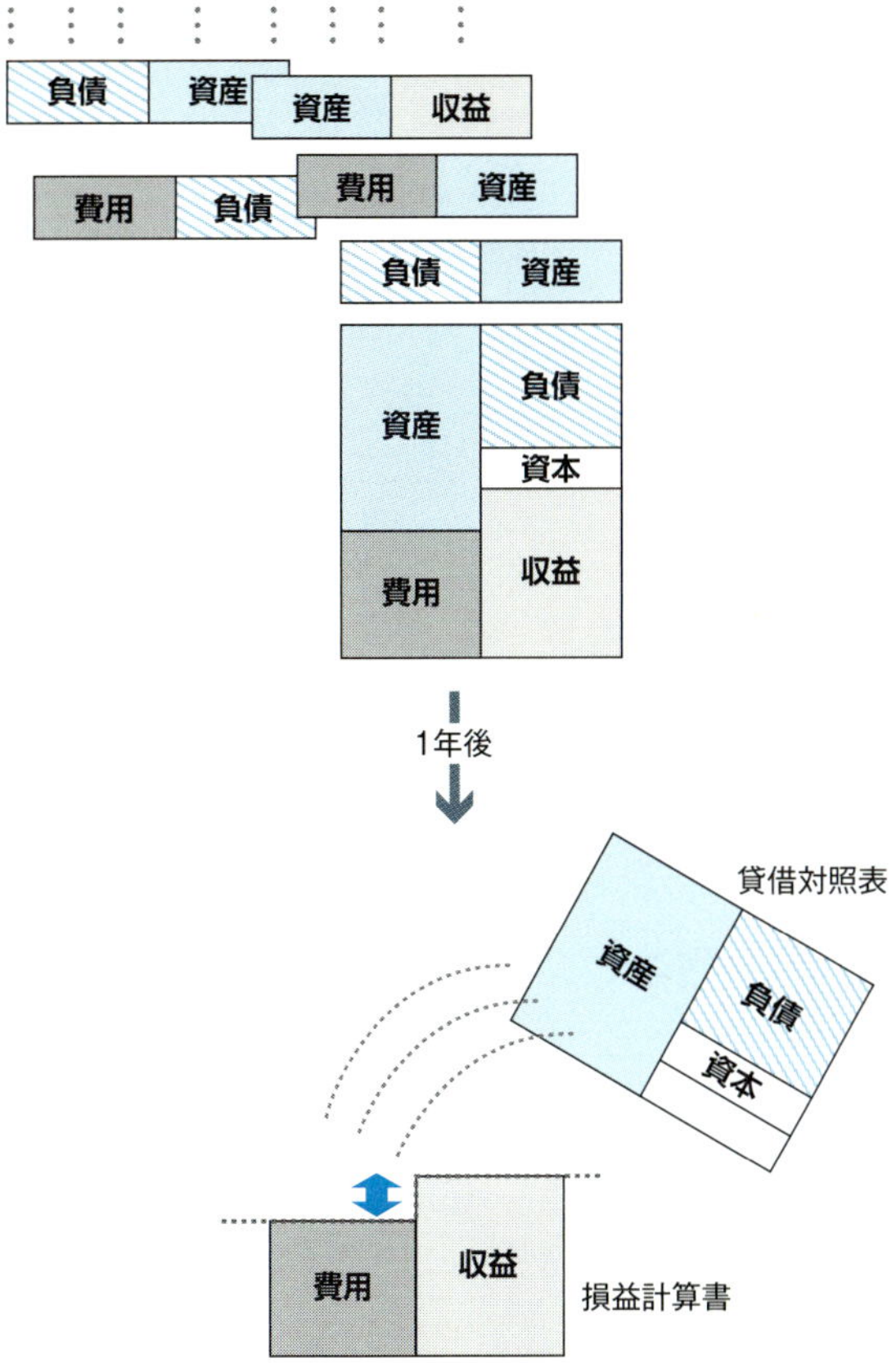
負債
資産
資産
収益
費用
負債
費用
資産
負債
資産
資産
負債
資本
費用
収益
1年後
貸借対照表
資産
負債
資本
費用
収益
損益計算書

借対照表と損益計算書は一体であり、その後、帳簿を締め切ってから各決算書が分離されます。

したがって、両者の関係を学ぶのならば、両者が一体の状態で理解するのは自然なことです。

ただし、利益を表す青い矢印は、簿記の教科書には出てきません。この矢印を意識することによって貸借対照表と損益計算書の**「動的な変化」**が初めて見えてきます。

2 会計ブロックの組み合わせ

会計ブロックの選び方

前節では、会計ブロックの積み方を学びました。次の問題は、日常で発生する取引ごとに、どのようなブロックの組み合わせを選ぶかです。

算術的には左側に5色、右側に5色のパターンがあり得るので、5×5＝25通りの組み合わせが考えられます。

しかし、25種類もの組み合わせを覚えていただく必要はありません。

次から説明するステップに従えば、ここまで読んでいただいた会計知識だけで、会計ブロックを選べるからです。

会計ブロックを選ぶ3ステップ

会計ブロックの組み合わせを選ぶには、以下の3ステップ（＋1ステップ）を行います。

STEP1　ひとつめの色を選ぶ
STEP2　ひとつめの位置を決める
STEP3　2つめの色を選ぶ
（STEP4　2つめを反対側に置く）

STEP1　ひとつめの色を選ぶ

発生した取引に関係するブロックを「資産」「負債」「資本」「収益」「費用」の5種類のなかからひとつ選びます。

5種類の区分がどのようなものかは、第II章で学んだ程度の知識で十分です。

「資産」…物理的なモノや権利などの財産のようなものです。典型的な例として、現金、預金、商品などがあります。

「負債」…借金など、返済しなければならない債務です。典型的な例として借入金があります。

「資本」…会社を始めるときの元手のお金です。

「収益」…いわゆる売上と考えていただいて結構です。

「費用」…原価や、日常的な経費（交通費や交際費等）です。

ブロックの種類のなかで、一般の方でも区別しやすいのは「資産」のブロックですので、その取引によって「資産」に含まれる現金、預金、商品、売掛金（掛けの販売代金）等に変化があるかを探すのがよいでしょう。

ひとつめのブロックの色は、自分がわかるもので結構ですから、比較的簡単に見つけることができると思います。

STEP2　ひとつめの位置を決める

ひとつめのブロックの色が決まれば、次は、そのブロックを右と左のどちらに置くかを決めます。

この時、基準になるのが**「会計の公式」**です。その取引によって、選んだブロックが増える場合には、公式の定位置と同じ側に、減る場合には定位置の反対側に置きます。

STEP3　2つめの色を選ぶ

続いて2つめのブロックの色を選びます。2つめのブロックに該当する項目がわかれば簡単ですが、見当がつかない場合もあるでしょう。

その際には、ひとつめのブロックも参考になります。ひとつめのブロックが、「収益」か「費用」（損益計算書の項目）の場合には、2つめのブロックは損益計算

ブロックの位置

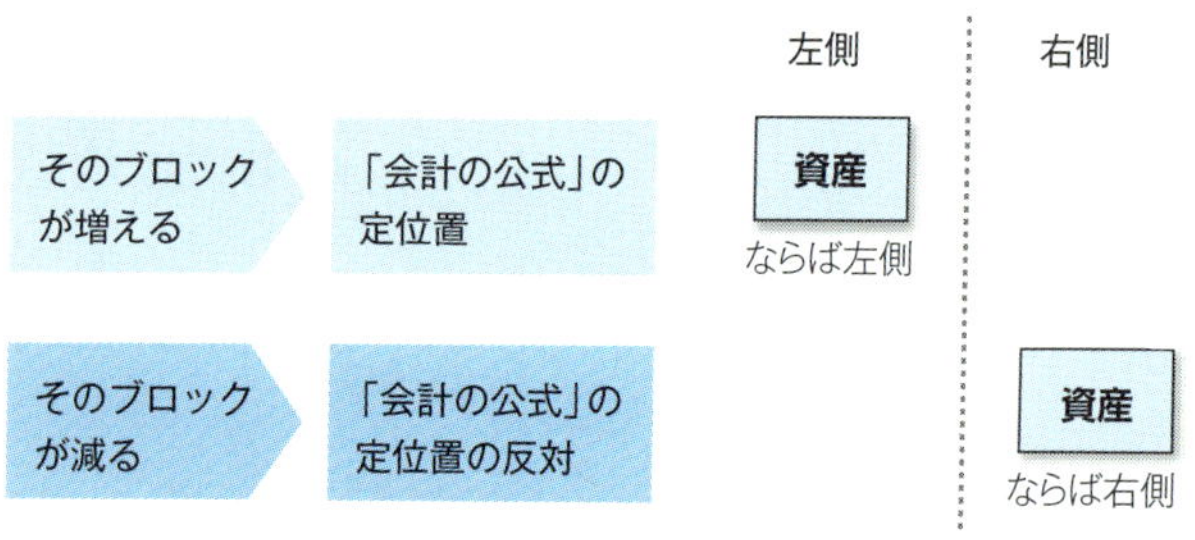

書項目（「収益」か「費用」）にはなりません。したがって、残りは貸借対照表の項目（「資産」「負債」「資本」）のいずれかになります。

（STEP4　2つめを反対側に置く）

STEP3で2つめのブロックの種類が決まれば、空いている位置はSTEP2で選んだ反対側しかありませんから、自動的に右か左は決まります。

頭が混乱してきた方に

ここまで読まれてきて、既に頭が混乱している方もいらっしゃると思います。そこで、今までの会計ブロックのエッセンスを、さらに簡略化してしまいましょう。

会計ブロックの組み合わせは算術的には5×5＝25種類考えられますが、理論的にあり得なかったり、日常的には発生しないパターンも含まれています。

そこで、以下の仮定をおいて、例外的な組み合わせを排除してしまいます。

条件1　「資本」に関係する取引は日常発生しない
条件2　「収益」と「費用」の組み合わせは発生しない
条件3　「収益」と「費用」は発生するだけ

まず、**条件1**ですが、「資本」が増減する取引は年に数回しか発生しません。また、発生した場合に、その取引を担当するのは経理・財務部門の方々ですから、一般部門の皆さんは無視していただいて結構です。

条件2の「収益」と「費用」という組み合わせは、理論的にはあり得ないため無視します。

条件3の「収益と費用は発生するだけ」というのは、実務上は収益と費用を取り消す取引があるのですが、ここでは、それを例外として無視するということです。これを会計ブロックと関連づけて説明すれば、「収益」と「費用」のブロックは会計の公式における定位置側、つまり「収益」は右側、「費用」は左側にしか積まないことを意味します。

この3つの仮定をおけば、ブロックの組み合わせを一挙に8種類に単純化できます。

絞り込まれた8種類のパターンは、さらに2種類に分けられます。それは、「収益」「費用」といった損益計算書項目を含む組み合わせか否かです。損益計算書項目を含まない組み合わせとは、「資産と負債」や「資産と資産」といったように貸借対照表の項目同士の組み合わせのことです。

この2つの区分にどのような意味があるのでしょうか。

実は利益の矢印に変化が生じるのは損益計算書項目を含む組み合わせだけなのです。貸借対照表項目同士の組み合わせの場合には、貸借対照表に変化は生じますが、利益の矢印が変化することはありません。

単純化した8種類の組み合わせ

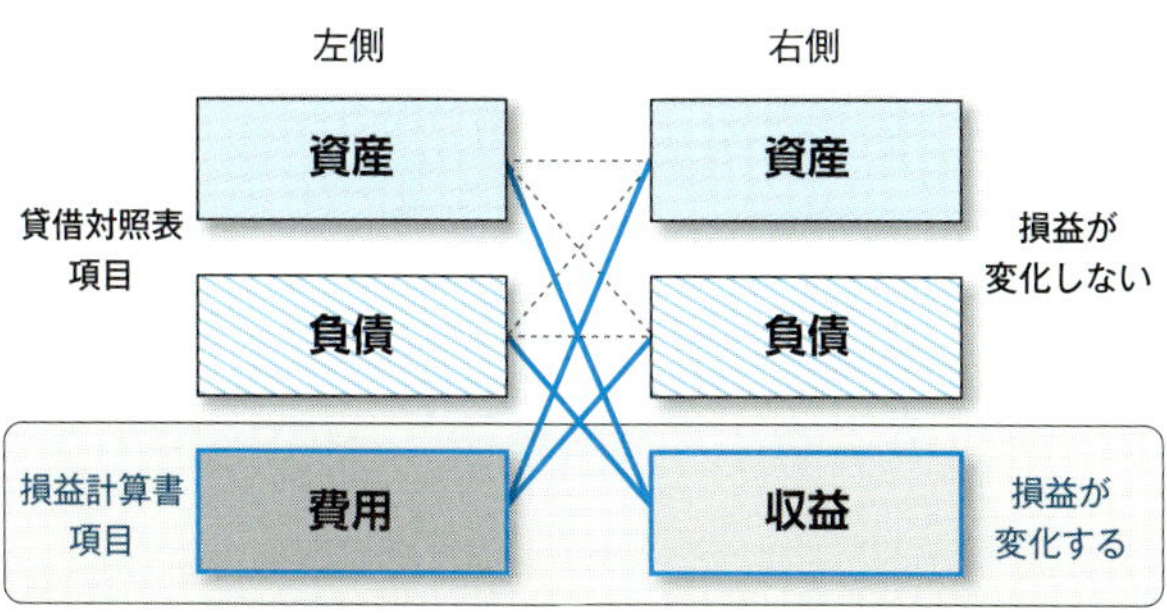

それでも頭が混乱してきた方に

ブロックの組み合わせを8種類まで減らしましたが、それでもまだ、頭が混乱している方がいらっしゃるでしょう。

そこで、ここまで説明してきた会計の基本構造を、一言にまとめてしまいます。

最後にひとつだけ覚えていただきたいのが、次の一言です。

「資産が増えて利益が減ることはない」

会計ブロックを使って言い換えてみると、

資産が増える　＝　資産のブロックを左側に積む

↓　　　　　　　　↓

利益が減ることはない　＝　矢印は「変わらない」か「伸びる」

左側に積む「資産」のブロックの反対側に、どのような種類のブロックを当てはめてみても、会計の構造上、矢印を縮める、つまり利益を減らすことはできません。皆さんも、一度、ゆっくりと、確かめてください。

本書の目的は、自らの活動が、自社の利益にどのような影響を与えるかを理解していただくことです。そのために、決算書の動的な変化を会計ブロックを使って説明してきました。

会計ブロックを使って、最低限、理解していただきたいことは、ブロックの組み合わせ方ではなく、矢印の変化

資産が増えるブロックの組み合わせと利益の変化

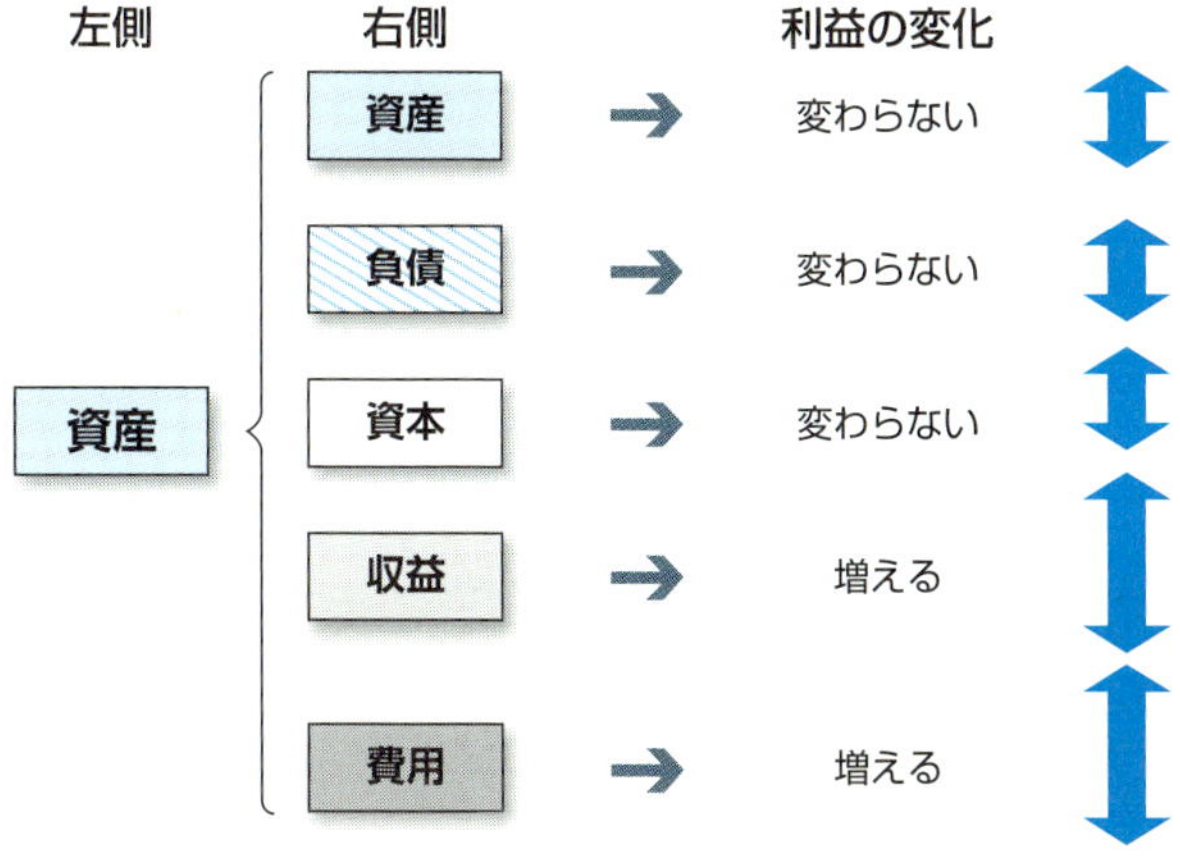

の規則性についてです。この規則性を覚えるために凝縮した言葉が、

「資産が増えて利益が減ることはない」。

という文章になります。

なぜなら、

「収益が増えると利益は増える」

「費用が増えると利益が減る」

という利益の変化については、一般的な感覚として、既に身に付いているので覚えていただく必要がありません。また、資本の変化が利益に影響を与えることはありません。これは、企業会計の基本原則として、資本取引と損益取引は区別することが求められているためです。

「資産が増えて利益が減ることはない」さえわかれば、残った**「負債」についてはその反対**と覚えるだけです。つまり

「負債が増えて利益が増えることはない」

ということです。

負債が増える。つまり、負債のブロックが右側に積まれる場合、利益の変化は減るか変わらないかのいずれかであり、利益を増やすことはできません。

勝敗のわからないスポーツニュース

新聞を読んでいて会計関係の記事を目にすることは多いと思います。各社の業績内容の発表や、新しい会計基準の解説など、経済記事のさまざまな局面で会計が使われています。

例えば、

「固定資産の減損会計の導入による影響」

負債が増えるブロックの組み合わせと利益の変化

左側	右側	利益の変化
資産	負債	変わらない
負債	負債	変わらない
資本	負債	変わらない
収益	負債	減る
費用	負債	減る

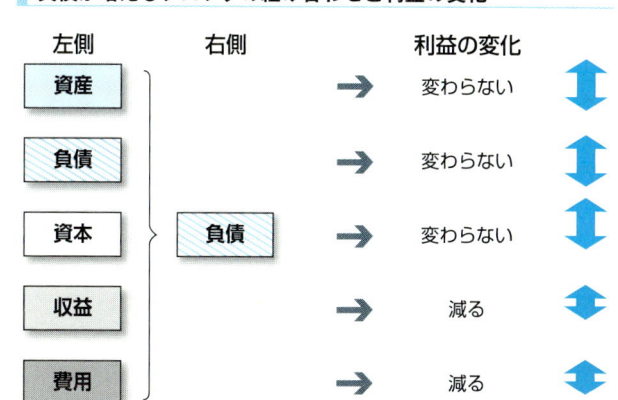

「資産除去債務の計上を義務づけ」
「税制改正によって、繰延税金資産を取り崩す」

このような記事を読まれたときに、皆さんは

「その会計処理によって利益は増えるのか減るのか？」

を即座に判断できますか。

記事で取り上げられている会計処理が経営に与える影響を理解できなければ、参考にすることも、対策を練ることもできません。

それはまるで、勝敗の結果が書かれていないスポーツ・ニュースを読んでいるようなものです。

途中経過を、どれだけ詳しく解説されても、結果がわからなければスポーツ・ニュースの価値はありません。

では、会計処理が利益へ与える影響を知るために、新しい会計基準やそこに書かれ

ている会計用語をひとつずつ理解しなければならないのでしょうか。

　このようなときに、会計ブロックの考え方が役に立つのです。先ほど覚えていただいた一文を、もう一度思い出してください。

「資産が増えて利益が減ることはない。」

　この一文は、

「資産が増えた場合、考えられる利益の変化は
増加するか変わらないかのいずれかである」

と読み替えることができます。

もうひとつの大胆な仮定

　ここに、もうひとつ、大胆な仮定を加えれば、会計記事

勝敗のわからないスポーツニュース

息の詰まるような投手戦でした。

その結果は？

	1	2	3	4	5	6	7	8	9
X軍	0	0	0	0	0	0	0	0	?
Y軍	0	0	0	0	0	0	0	0	?

を簡単に読みこなすことができます。その仮定とは、

「利益が変わらない話はニュースにならない」

日常業務における取引には、利益が「増えるもの」「減るもの」「変わらないもの」の3種類がありますが、利益に影響を与えない、つまり利益が「変わらない」会計処理がニュースの記事になることは考えられません。

この仮定に従えば、先ほどの

「資産が増えて利益が減ることはない。」

は

「資産が増えれば利益が増える」

と読み替えることが可能になるのです。

資産が増えれば利益が増える

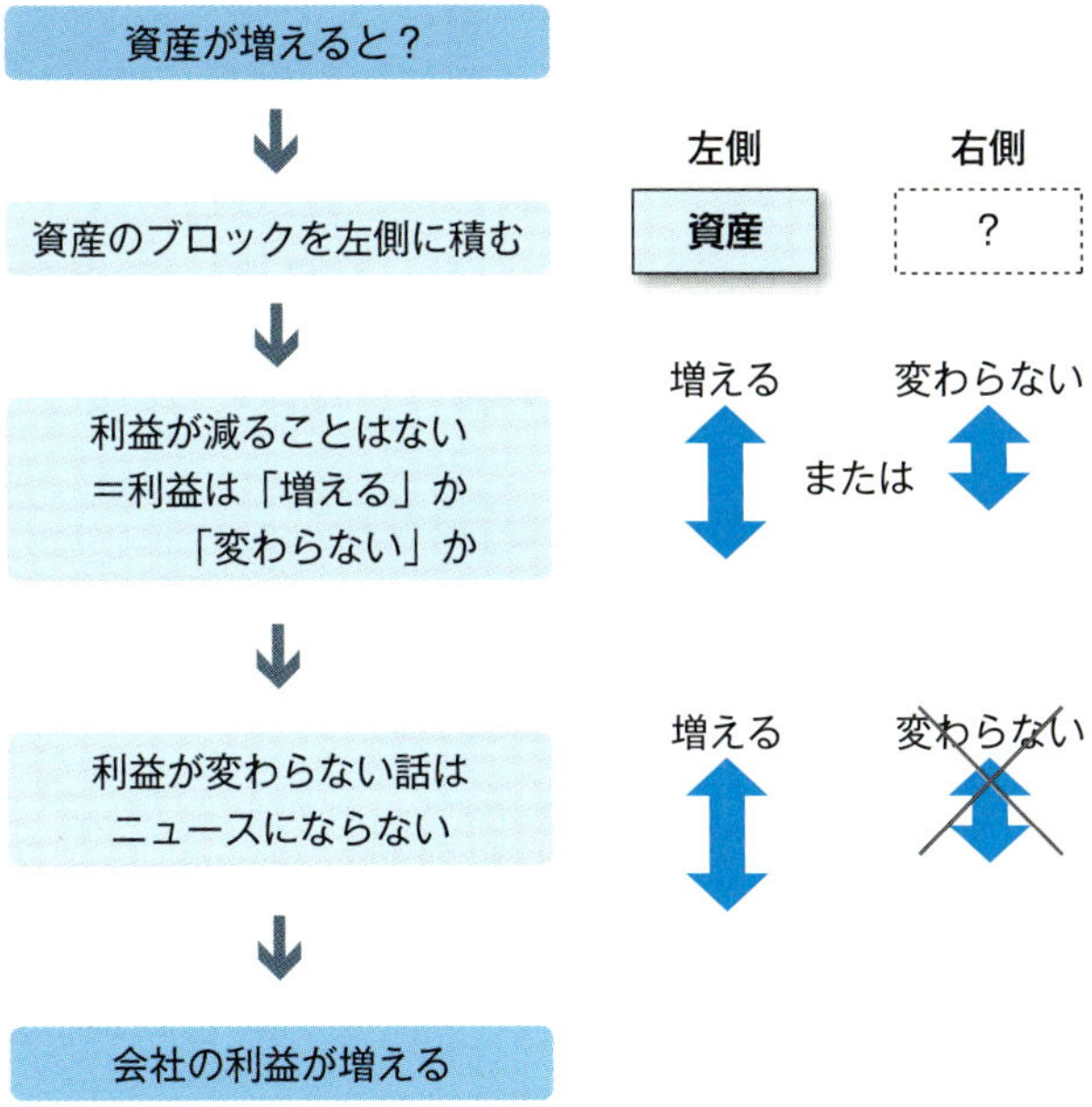
資産が増えると？
資産のブロックを左側に積む
利益が減ることはない
＝利益は「増える」か
「変わらない」か
利益が変わらない話は
ニュースにならない
会社の利益が増える
左側
右側
資産
?
増える
変わらない
または
増える
変わらない

同様に、「利益が変わらない話はニュースにならない」という仮定に従えば、

「負債が増えて利益が増えることはない」

は

「負債が増えれば利益は減る」

に読み替えることが可能になります。

次の節では、具体的な会計処理の事例を使って、ここまでご説明してきたことを実践してみましょう。

3 借金を返すと儲かるのか（再考）

借入金を返す会計ブロック

第Ⅰ章で取り上げた「借金を返すと儲かるのか」という議論を、再度、会計ブロックを使って整理してみましょう。

第Ⅰ章では、会計、経営、ファイナンスという3つの階層に分けて説明しましたが、会計ブロックの知識を使えば、3つの階層を比較しながら理解することが可能になります。

おさらいになりますが、借金を現金で返済したときに積む会計ブロックを考えてみましょう。

STEP1　ひとつめの色を選ぶ

現金で返済するのですから、ひとつめのブロックは、現金を表す「資産」のブロックを選びます。

STEP2　ひとつめの位置を決める

次に、STEP1で選んだ現金を表す「資産」のブロックを右と左のどちら側に置くかを決めます。現金で借入金を返済した場合、現金は増えるのでしょうか減るのでしょうか。

当然、現金は減ってしまいます。対象が減る場合には、会計の公式における定位置と反対側に置けばよいのですから、資産の定位置である左側の反対。つまり資産のブロックは右側に置きます。

STEP3　2つめの色を選ぶ

続いて2つめのブロックの色を選びます。2つ目のブロックに関係するのは、借入金でしょう。これは、返済すべき債務ですから「負債」のブロックになります。

借金を返済したときの会計ブロック

STEP1　ひとつめの色を選ぶ

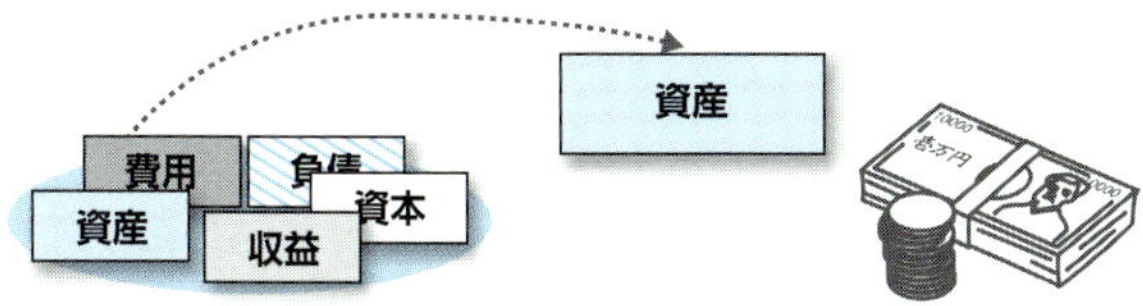

STEP2　ひとつめの位置を決める

STEP3　2つめの色を選ぶ

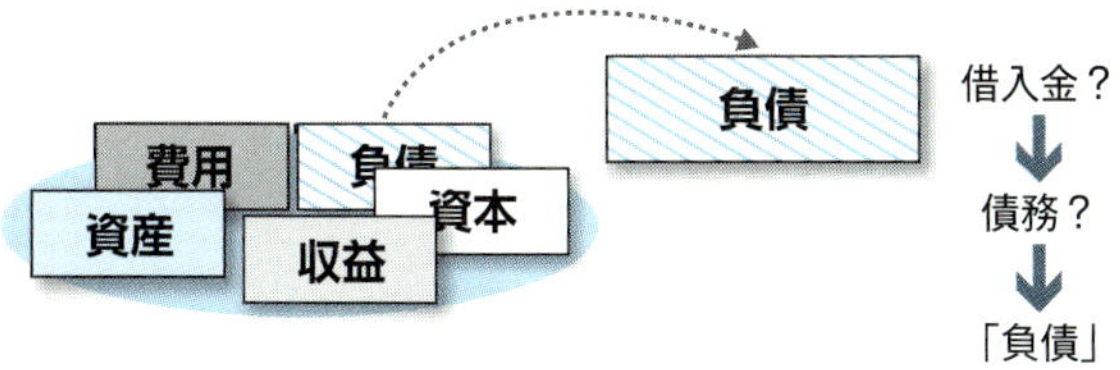

（STEP4　2つめを反対側に置く）

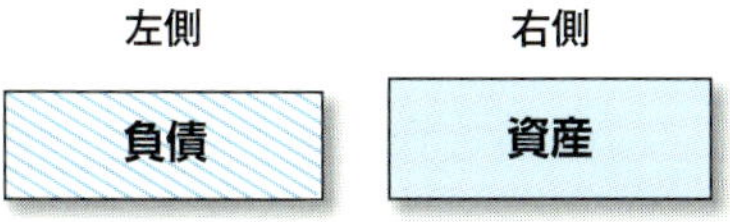

（STEP4　2つめを反対側に置く）

「資産」のブロックを右側に置いてしまいましたから、残っているのは左側しかありません。左側に「負債」のブロックを置いて完成です。

早速、ブロックを積んでみましょう。

ここでは、負債のすべてが借入金で、その全額を返済したと仮定しています。利益の矢印に変化がないことと、貸借対照表が小さくなっている点に注目してください。

次に、今まで使ってきた会計ブロックに、「時間」という概念を加えます。

時の経過とともに、会計ブロックがどのように発生するかを見ていくのです。

借入金を返したときの利益の変化

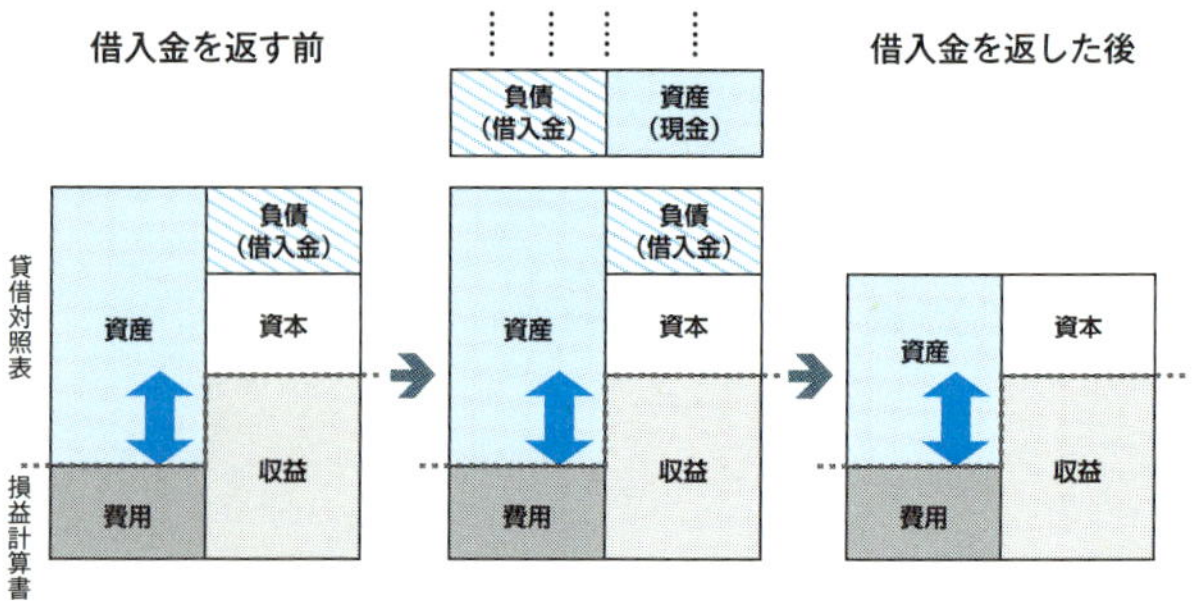

借入金がある場合、約束した利率で利息を支払わなければなりません。これを会計ブロックで表現すると、時間の経過とともに支払利息という「費用」のブロックが発生することを意味します。費用が増えるのですから定位置である左側に「費用」のブロックを積みます。

　支払利息を現金で支払うならば、利息を表す「費用」のブロックの反対側、つまり右側に現金を表す「資産」のブロックを積みます。

　一方、借入金を返済したならば、利息のブロックは発生しません。時間が経過した後の2つのケースの会計ブロ

借入金を返したケースと返さないケース

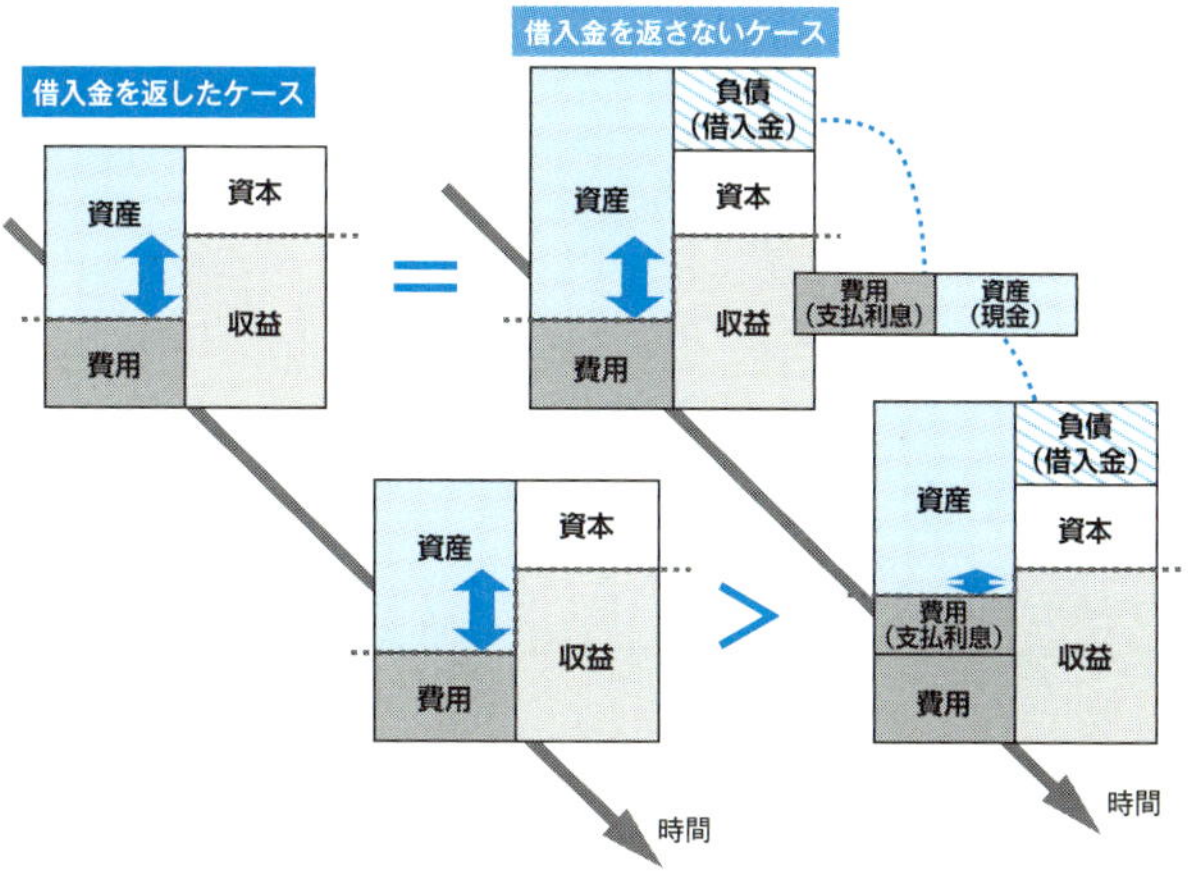

ックの変化を見てみましょう。

スタート時点では、両ケースの矢印の長さは同じです。しかし、時間の経過にともなって「費用」（支払利息）のブロックが積まれていくと、借入金を返さないケースのほうが矢印が短くなります。つまり、借入金を返したほうが利益が出るという、第Ⅰ章の解答例2は、このような状況を指しているのです。

借入金（負債）が支払利息という「費用」のブロックを生み出すのと反対に、資産を有効に活用すれば「収益」のブロックを生み出すことができます。典型的な例は、預金から発生する受取利息や株式から発生する配当金などです。

配当金が発生した場合、右側に配当を表す「収益」のブロック、合わせて現金が増えますから、残った左側に現金を表す「資産」のブロックを積みます。

借入金から「費用」（支払利息）のブロックが発生しても、資産から生み出される「収益」（受取配当）のブロックのほうが大きい状況ならば、借入金を返済して資産を減らすよりも、借入金を維持していたほうが多くの利益を生み出せます。

借入金を返済しないほうが利益が出るという、第Ⅰ章の解答例3は、このような状況を指しているのです。

ファイナンスの理論では、このときに発生するブロックの大きさを数式を用いた割合で表現しますが、会計ブロックと時間軸を用いれば、視覚的に理解することが可能になります。

資産が収益を生むケース

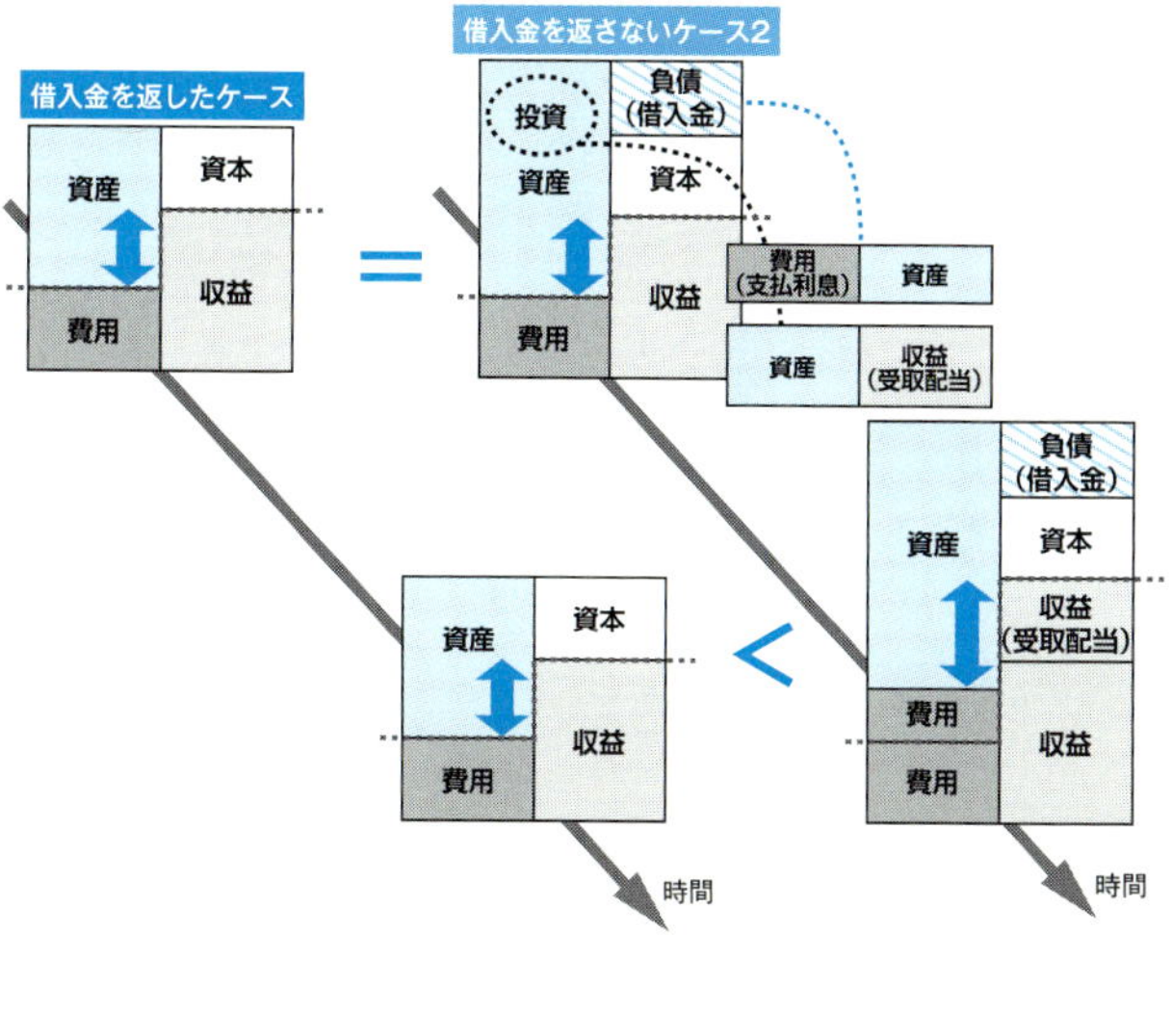

会計ブロックと簿記の仕訳との違い

ここまで、ご説明してきた「会計ブロック」と簿記の「仕訳」には根本的に異なる点があります。それは、「会計ブロック」は「勘定科目」を考慮していないという点です。

勘定科目とは、取引の内容を表す内訳科目のことですが、簿記が厄介なのは、取引ごとの勘定科目を暗記しなければ仕訳を作れないからです。

そこで、「会計ブロック」は、取引の分類をブロックの種類（資産、負債、資本、収益、費用）にとどめることで、勘定科目の概念を省き、損益への影響部分だけを可視化しているのです。

したがって、「会計ブロック」の知識だけで簿記の試験を受けても点数を取ることはできません。ただし、簿記を学習する前に、「会計ブロック」と「会計の公式」の構造を理解しておけば、簿記の学習効率が著しく上がることは保証いたします。

4 日常業務における事例

引当金とは何か

会計を学んでいて、混乱するのは「引当金」という用語です。しかし、「会計の公式」を利用すれば「引当金」も簡単に理解できます。

企業活動では、実際に費用支出が生じるのは将来でも、その原因となる事象が、それ以前に発生しているというケースがあります。

その典型例は退職金制度です。退職金自体が支払われるのは、従業員が将来、退職したときです。しかし、その原因は従業員の退職までの期間の勤務によるものであり、支払方法や金額については退職金規程にあらかじめ定められています。

会計のルールでは、お金の支出がなくても、原因となる事象が**発生**した時点で、**「費**

用」を認識しなければなりません（これを「発生主義」と言います。発生主義の詳細については、第Ⅳ章で、再度ご説明します）。

引当金を見てはいけない

費用を認識するということを言い換えれば、「費用」の会計ブロックを左側に積むということです。

しかし、ここで、問題が生じます。会計ブロックを積むときには、左右に同じ大きさのブロックを積まなければならないのですが、右側に該当するようなブロックがないのです。

さらに、費用を認識するということは、利益の矢印を縮めたいということですから、右側のブロックは利

退職金の発生と支払

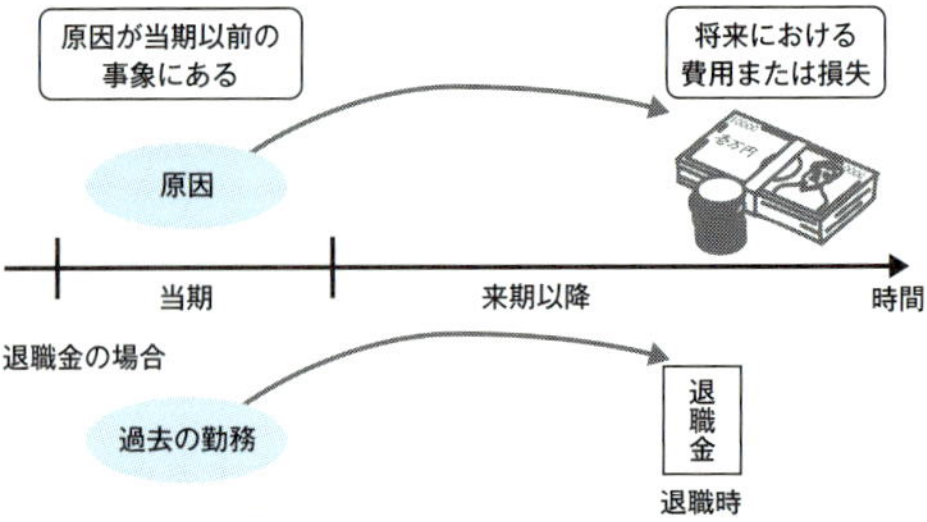

益の矢印が縮むような組み合わせでなければいけません。

上記の条件に合致する、右側のブロックは「資産」と「負債」になります。ただし、「資産」を右側に置くと、会計の公式の定位置の反対のため、同額の「資産」を取り崩さなければなりません。しかし、この取引で、「資産」は何も減っていないのですから矛盾してしまいます。

したがって、右側に入るブロックは「負債」にならざるを得ません。

そこで、このときに積む右側の「負債」のブロックのことを、引当金と名づけたのです。

引当金にはさまざまな種類がありますが、その構造はすべて一緒です。左側に置く「費用」のブロックの反対側のブロックと覚えていただければ十分です。引当金は、「費用」のブロックを積んで利益の矢印を縮めることが目的なのですから、引当金を積めば、当然、**利益が減る**のです。

つまり、引当金を理解するコツは、**「引当金を見ないこと」**になります。着目すべきは、引当金ではなく、引当金の反対側にくる「費用」の会計ブロックのほうなのです。

決算書を個別に学ぶと、引当金は貸借対照表の中にしかありませんから、「退職給付引当金」や「返品調整引当金」など貸借対照表に計上されている引当金の大きさに目が行ってしまいます。

実際、個々の引当金の大きさを決定するためには複雑な会計処理が必要になりますが、それは経理・財務部門の方々の業務であり、一般部門の方々が理解する必要はありません。大切なのは引当金を計上するときの決算書の**「動的な変化」**だけです。

引当金の会計ブロック

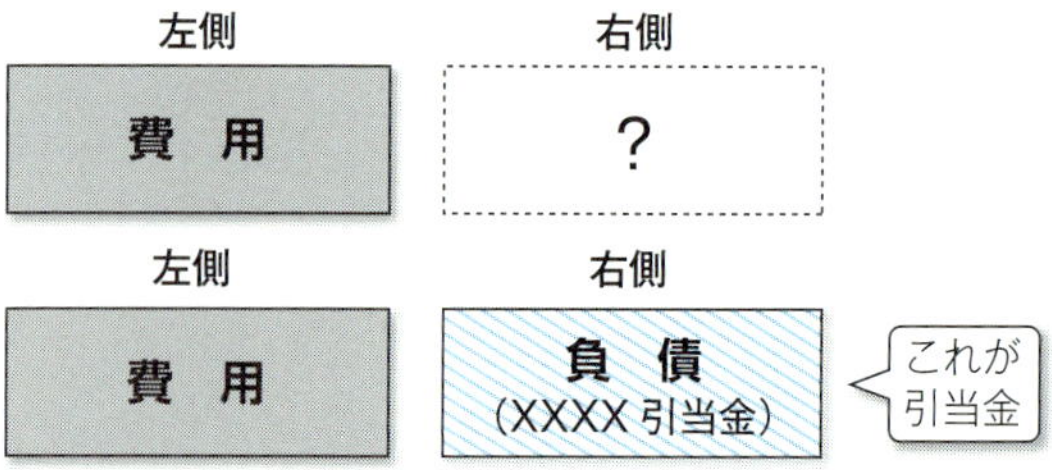

この視点から引当金を整理しておけば、今後、どのような種類の引当金が表れても、まったく同じ考え方で対応できますから、名称を覚える必要もありません。

引当金の取り崩し

少し、注意していただきたいのが、「引当金の取り崩し」という処理です。引当金を取り崩すのですから、会計ブロックで考えると、引当金を表す「負債」のブロックを定位置と反対の左側に置きます。このとき、右側のブロックには2つのケースがあります。

ケース1　将来、引当金の対象となった現金支出が発生

たとえば、先ほどの退職金の例で、将来、実際に従業員が退職して退職金を支払う場合です。このときには、現金を支払うとともに、対象となる引当金を取り崩します。会計ブロックの組み合わせは左側が「負債」、右側が「資産」となるため、利益に影響はありません。既に引当金を積む段階で費用を認識しているので、将来の現金支出

の段階では、利益に影響を与える必要はないのです。

ケース2　引当金の対象となった費用が発生しなかった

一方、引当金の対象となった将来の費用が、実際には発生しない場合があります。たとえば、従業員が懲戒解雇となり退職金の支払いを中止した場合などです。

この場合、引当金を積んでおく必要がなくなるため、引当金を取り崩しますが、右側には「収益」のブロックを使用します。その結果、引当金を取り崩した金額だけ利益は増加します。

新聞の紙面で

「XX引当金をXX億円取り崩した」

といった表現を見ることがありますが、

「利益が変わらない話はニュースにならない。」

引当金取り崩しの2つのケース

		左側	右側	利益への影響
ケース1	将来、引当金の対象となった現金支出が発生	負債（XX引当金）	資産（現金）	なし
ケース2	引当金の対象となった費用が発生しなかった	負債（XX引当金）	収益（XX引当金取崩益）	利益が増える

という仮定を当てはめれば、この事例は、利益が増えるケース2に該当します。

貸倒引当金はどこにある

「引当金は、すべて一緒で負債と覚えればいいと言われたが、実際の貸借対照表を見てみると貸倒引当金は資産の中に含まれているではないか？」

鋭いところに気づかれましたね。ご指摘のとおり「貸倒引当金」は資産の中に含まれています。それでは、私が先ほどお伝えしたことが間違っていたのでしょうか？

そんなことはありません。引当金はすべてまとめて理解していただいて結構です。貸倒引当金も例外ではありません。

ただし、貸倒引当金は「**会計の移項**」が行われているだけなのです。

会計の移項

「会計の〝いこう〟」は「移行」ではなく「移項」です。皆さんは、この「移項」を覚えていらっしゃるでしょうか。中学校1年の数学の方程式で出てきた「移項」のことです。

A　＝B＋C

（この等式の両辺からBを引きます）

A－B＝B－B＋C

A－B＝C

等式の片側にあったBを、等式の反対側に移すためには、Bの記号の正負を替えてやればよ

貸倒引当金の場所

貸借対照表

（平成X2年3月31日現在）

科目	金額	科目	金額
（資産の部）		（負債の部）	
流動資産	**80,000**	**流動負債**	**53,000**
現金及び預金	20,000	買掛金	12,000
売掛金	24,000	短期借入金	32,000
商品	31,000	未払費用	1,000
前払費用	2,300	未払法人税等	2,000
短期貸付金	3,000	賞与引当金	4,000
貸倒引当金	△300	その他	2,000
固定資産	**85,000**	**固定負債**	**50,000**
有形固定資産	**70,000**	長期借入金	38,000
建物	36,000	退職給付引当金	12,000
機械装置	18,000	**負債合計**	**103,000**
土地	12,000	（純資産の部）	
建設仮勘定	4,000	**株主資本**	**62,000**
無形固定資産	**6,000**	**資本金**	**30,000**
電話加入権	1,600	**資本剰余金**	**10,000**
ソフトウェア	4,400	資本準備金	10,000
投資その他の資産	**9,000**	**利益剰余金**	**22,500**
投資有価証券	1,200	利益準備金	2,500
長期前払費用	1,300	繰越利益剰余金	20,000
繰延税金資産	6,500	自己株式	△500
		純資産合計	**62,000**
資産合計	**165,000**	**負債・純資産合計**	**165,000**

流動資産

……………　……

短期貸付金　3,000

貸倒引当金　△300

いというものです。思い出されましたか。

会計の移項とは、「会計の公式」で定めた定位置から反対側へ項目を移すことです。このとき、金額の前にマイナスを付けます。例えば、貸倒引当金を考えてみましょう。

前項で学んだように、引当金は負債のブロックを使いますから、会計の公式に従えば右側に位置します。しかし、貸倒引当金は売掛金や貸付金などの資産項目に対して設定されるものなので、引当ての対象となった資産と関連付けて表示したほうが親切です。そこで、「会計の移項」によって定位置である右側から左側に移動しているのです。その際に、数学と同様に符号を替えることにより、右と左の等式は維持され

会計の移項

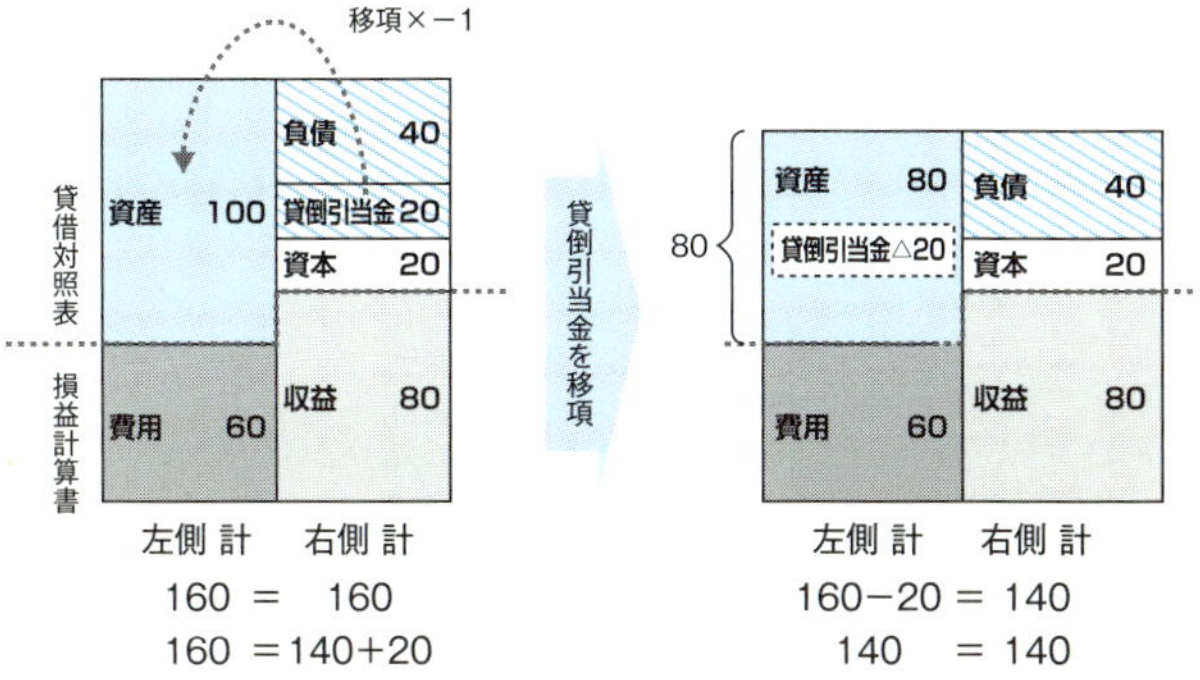

ます。

同様に会計の移項が見られるのが、「資本」の中に含まれる「自己株式」です。

自己株式とは、会社が保有している自社の株式です。自社のものであってもあくまで株式ですから財産的価値を持ち、本来は「資産」に該当します。しかし、実質的には資本の払い戻しと同様の効果を生むため、「会計の移項」を行って「資本」の側へ移しているのです。

貸借対照表の中には、「会計の移項」によって生じた項目が紛れ込むことがあ

会計の移項　自己株式

貸借対照表

（平成X2年3月31日現在）

科目	金額	科目	金額
（資産の部）		（負債の部）	
流動資産	**80,000**	**流動負債**	**53,000**
現金及び預金	20,000	買掛金	12,000
売掛金	24,000	短期借入金	32,000
商品	31,000	未払費用	1,000
前払費用	2,300	未払法人税等	2,000
短期貸付金	3,000	賞与引当金	4,000
貸倒引当金	△300	その他	2,000
固定資産	**85,000**	**固定負債**	**50,000**
有形固定資産	**70,000**	長期借入金	38,000
建物	36,000	退職給付引当金	12,000
機械装置	18,000	**負債合計**	**103,000**
土地	12,000	（純資産の部）	
建設仮勘定	4,000	**株主資本**	**62,000**
無形固定資産	**6,000**	**資本金**	**30,000**
電話加入権	1,600	**資本剰余金**	**10,000**
ソフトウェア	4,400	資本準備金	10,000
投資その他の資産	**9,000**	**利益剰余金**	**22,500**
投資有価証券	1,200	利益準備金	2,500
長期前払費用	1,300	繰越利益剰余金	20,000
繰延税金資産	6,500	自己株式	△500
		純資産合計	**62,000**
資産合計	**165,000**	**負債・純資産合計**	**165,000**

会計の移項

ります。貸借対照表上でマイナスの金額の科目については、会計の移項によって、定位置に戻してから考えていけば、混乱は解消するはずです。

繰延税金資産は儲かるのか

次に、繰延《くりのべ》税金《ぜいきん》資産《しさん》について、ご説明しましょう。繰延税金資産は、我が国に1999年度から導入された税効果会計によって生じる勘定科目ですが、近年では新聞紙上で目にすることも多いものです。

皆さんは、「繰延税金資産」という名称を聞いて、5つのブロックのうち、どの種類に該当すると思いますか。

繰延税金資産というぐらいですから、これは当然、「資産」になります。

次に、前節のルールを思い出してください。

「利益が変わらない話はニュースにならない。」

「資産が増えれば利益も増える。」

したがって、

「繰延税金資産が増えると利益が増える。」

反対に繰延税金資産を取り崩す、つまり繰延税金資産を減らすときには利益が減ります。

２０１２年度から法人税率が引き下げられましたが、この改正に合わせて、減益の業績修正を行う会社が続出しました。税率が引き下げられることは増益要因なのに、なぜ、反対の減益になるのか疑問を感じた方もいらっしゃると思います。

これは、税率変更にともない、今まで計上していた繰延税金資産を取り崩さなければならないためです。

つまり、「繰延税金**資産が減る**と**利益が減る**」の結果です。

また、「繰延税金負債」という単語を新聞紙面で見かけることもありますが、こちらも、同様に考えます。「繰延税金負債」は、どのブロックの種類でしょうか。その名の通り「負債」です、負債の話をニュースでご覧になられたならば、資産の反対と

考えればよいので、

「繰延税金負債が増えると利益が減る。」

または

「繰延税金負債が減れば利益が増える。」

ということです。

ここでは、税効果会計の内容については、一切、ご説明していませんが、「会計の公式」の知識があれば、「決算書の動的変化」という結論について類推することが可能になります。

実務で会計を利用していく際には、むしろ、この類推力が重要になるのです。

現在、世界中で国際会計基準の導入が進んでおり、我が国の会計基準も大幅な改正が行われています。損益計算書や貸借対照表も名称から改められ、様式も大幅に変更される予定です。さらに、負債の時価評価など、まったく新しい概念の会計処理の導入も予定されています。

しかし、国際会計基準が導入されても、本書でお伝えした**「会計の公式」**の構造は、決して変わることはありません。決算書の名称が変わり、新しい会計基準がいくら増えたとしても、

「資産が増えて利益が減ることはない」

のです。

会計制度激変期の今こそ、会計の基本構造を身に付けておくべきでしょう。

第Ⅳ章　虚妄のキャッシュフロー計算書

1 キャッシュフロー計算書は必要ない

会社の生死を決めるもの

ここまで、貸借対照表と損益計算書について説明してきましたが、２０００年３月期から我が国に導入された新しい決算書にキャッシュフロー計算書があります。

皆さんは、「黒字倒産」という言葉を聞いたことがあるでしょうか。これは、会計上、利益を出している（黒字）にもかかわらず、会社が倒産してしまうことを言います。反対に、損失を出し続けていても倒産しない会社も存在します。利益の有無が会社の倒産に関係ないならば、会社はどのようなときに倒産するのでしょうか。

それは資金繰りに行き詰まったときです。約束していたお金を支払えなくなったときに、会社は倒産の烙印を押されてしまうのです。会社の資金の流れは、人間の血液にたとえられるように、一瞬でもその流れが滞ると重大な結末を引き起こすのです。

キャッシュフローを知る手段

では、会社の生死を決する資金の流れ、つまりキャッシュフローの情報は、どの決算書から知ることができるのでしょうか。

貸借対照表の資産の中には現金や預金の残高が表示されています。しかし、貸借対照表は期末の一時点における状況を表すにすぎませんから、会計期間中にどれだけお金の出入りがあったかを知ることはできません。

損益計算書はどうでしょうか。貸借対照表が期末の一時点の状況を表すのに対して、損益計算書は会計期間中の取引を集計したものですから、お金の出入りもわかる気がします。しかし、損益計算書を見ても資金繰りの情報を得ることはできないのです。

現金主義と発生主義

なぜならば、損益計算書に計上される収益と費用は「**発生主義**」という考え方によって記録されているからです。

収益と費用の記録方法には、**「現金主義」**と**「発生主義」**という2つの考え方があります。

現金主義とは、お金の出入りがあった時点で収益と費用を記録するもので、**発生主義**は、お金の出入りがともなわなくても取引が発生した時点で収益と費用を記録する方法です。

現金主義は、お金の移動という客観的な事実に基づいて取引が認識されるため確実な記録方法です。しかし、掛け売りや掛け買いなどの信用取引が中心になっている現代の商慣習のもとでは、適切な期間損益を認識することができません。

そこで、現代の会計では、両者のうち、**発生主義**を採用しています。その結果、損益計算書における収益はお金の収入とは異なり、費用もお金の支出を表すわけではないの

収益と収入、費用と支出の違い

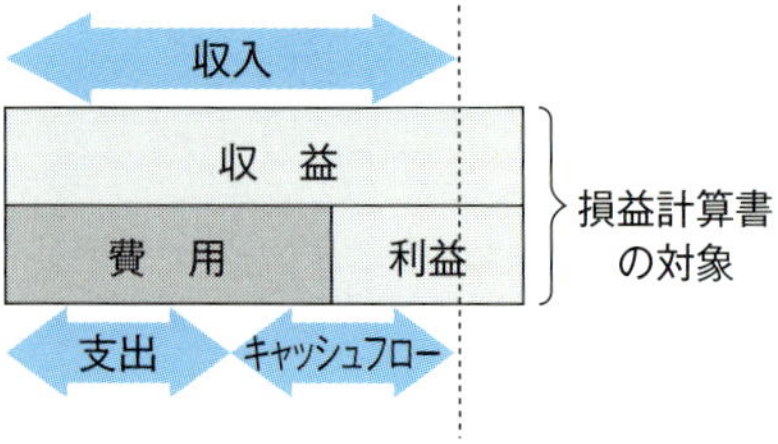

です。

つまり、貸借対照表と損益計算書だけでは、キャッシュフローの情報を得ることができません。そこで、キャッシュフロー情報を提供するために導入された新しい決算書がキャッシュフロー計算書なのです。

キャッシュフローを理解するポイント

キャッシュフローを理解する際に最も重要なポイントをご説明します。

それは、本書の読者の方々にとって

キャッシュフローは重要だが、キャッシュフロー計算書は不要

という点です。

キャッシュフローは、企業の生死を決めるものですから、経営における重要度は利益よりも上になります。したがって、組織の中で行動を選択する際に、キャッシュフローを増加させることは、最も重要な目標です。同様に、現代の会計において、キャッシュフロー計算書は損益計算書以上に重要な決算書と言えます。

しかし、その重要性は会社の**外部利害関係者にとっての話**です。

本書が対象としている読者の皆さんは、外部利害関係者として決算書を利用するのではなく、自らの行動によって自社の決算書を変化させ続けなければなりません。自社の存続、さらには自社の企業価値増加のために、キャッシュフローは重要なものですが、キャッシュフローを改善するツールとしてキャッシュフロー**計算書**を使う必要はありません。

この部分を理解せずに、自社のキャッシュフロー管理とキャッシュフロー計算書を無理やり結びつけようとするために、混乱が生じるのです。

キャッシュフロー計算書の作り方

なぜ、キャッシュフロー計算書を使う必要がないかと言えば、キャッシュフロー計算書は、会計の基本的な構造の中に含まれていないからです。

それは、実際のキャッシュフロー計算書の作り方を知っていただければ理解しやすいでしょう。実務において、キャッシュフロー計算書を作成する際の基礎資料は、前期末と当期末の**貸借対照表**なのです。

前期末（つまり当期首）と当期末の貸借対照表の差額を算出し、そこに会計上の調整を加えてキャッシュフロー計算書は作成されます。

キャッシュフロー計算書の基礎資料は、貸借対照表なのですから、貸借対照表の段階でキャッシュフローの動きを理解したほうが効率的です。貸借対照表に調整を加えた後の、キャッシュフロー計算書からキャッシュフローの動きをつかもうとするから混乱するのです。

冒頭のジグソーパズルの例を使うならば、実はキャッシュフロ

キャッシュフロー計算書の作成方法

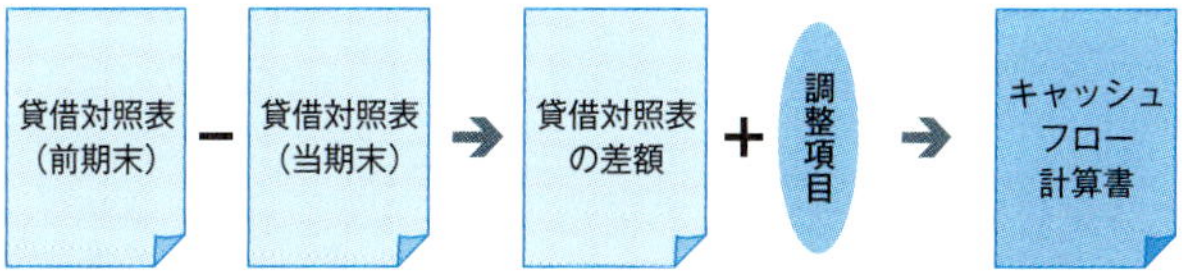

ー計算書はジグソーパズルに使われない余分なピースということです。

組み合わさることのない余分なピースの場所を探し続けるほど無駄なことはありません。大切なことは、余分なピースは、しっかり分けて管理することです。

キャッシュフロー計算書を使わずに、キャッシュフローを把握する方法については、次節からご説明していきます。

なお、キャッシュフロー計算書の見方については、本書の最終章において、まとめて解説していますので、そちらをご参照ください。

2 パズルの絵 その2

ブロックの追加

では、ここから具体的に、自らの行動とキャッシュフローを結びつける方法をお伝えしましょう。

そのためには、2段階の準備が必要になります。

STEP1 「資産」のブロックを2つに分ける

先ほどまで説明してきた会計ブロックは、「資産」「負債」「資本」「収益」「費用」の5種類でした。この中の「資産」のブロックを「現金」と「(その他の)資産」に区分します。

本来、「現金」は「資産」に含まれますが、キャッシュフローと対応させるために、

「現金」と「（その他の）資産」に区別して考えます。

ここでは、理解しやすいように「現金」という表現を用いていますが、その内容は、キャッシュフロー計算書における「キャッシュ」と同等のものであり、すぐに換金できる預金等を含みます。

STEP2　黒い矢印を追加する

「資産」のブロックが、「現金」と「（その他の）資産」に分けられましたので、「会計の公式」の図における「資産」の部分も「現金」と「（その他の）資産」に区別します。

さらに、「資産」を2つに区別した新しい「会計の公式」上に、新たに1本の矢印を追加します。

それは、「現金」のブロックの大きさを表す矢印です。新しい「会計の公式」において、「現金」のブロックの横に書き込まれた**黒い矢印**の変化が、会社のキャッシュフローの増減を表します。

新しい「会計の公式」

STEP1 「資産」のブロックを2つに分ける

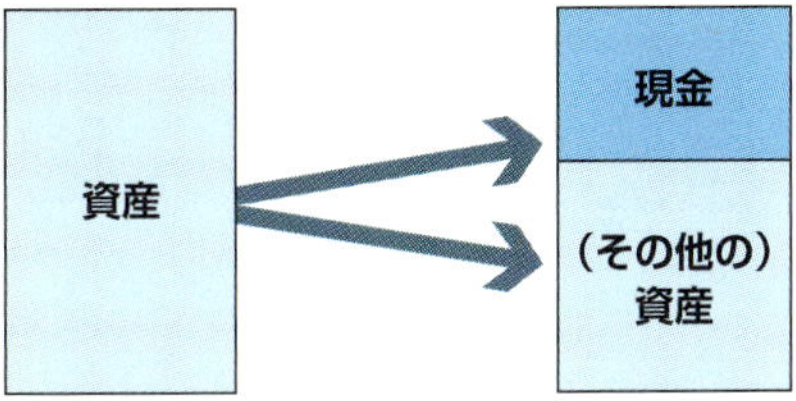

STEP2 黒い矢印を追加する

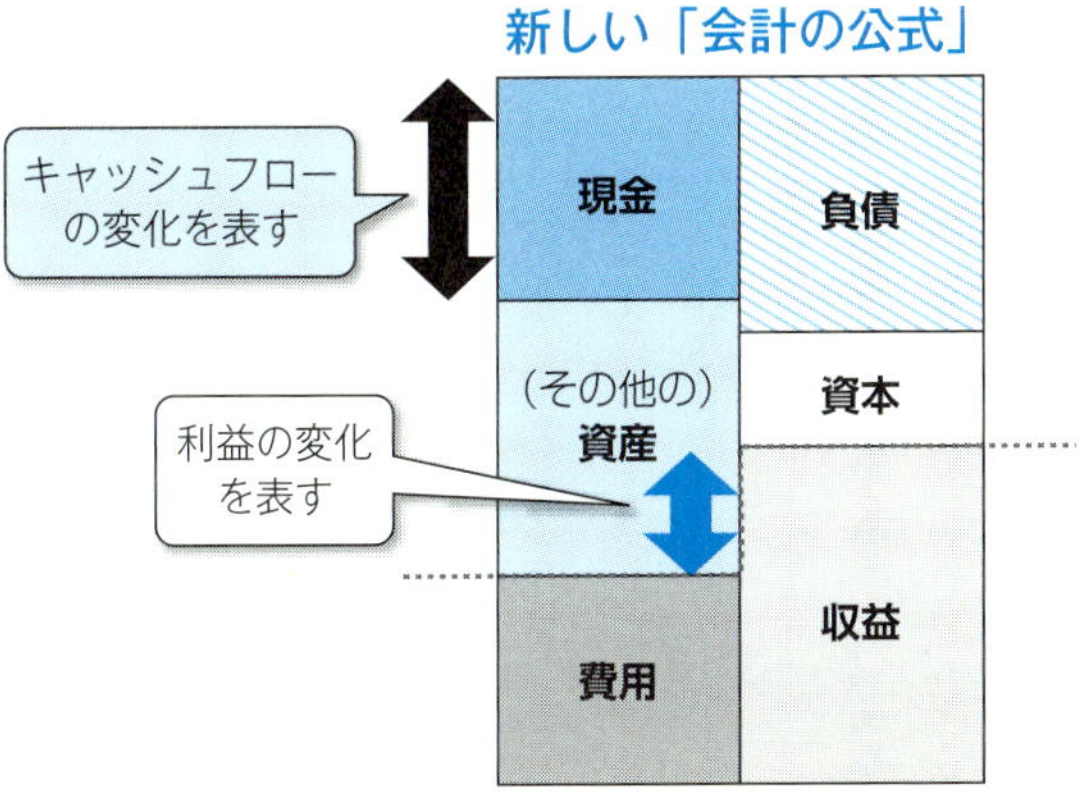

借金を返したら儲かるのか（再々考）

ここで、もう一度、借金を返した場合の、決算書の動きを、新しい「会計の公式」を使って確認してみましょう。

前章では、借入金を現金で返済した際に、左側に「負債」、右側に「資産」のブロックを積みました。しかし、新しい会計ブロックでは、「資産」の中でも「現金」には専用のブロックを用意していますので、右側の「資産」のブロックを「現金」のブロックに変えます。

では、この新しいブロックの組み合わせを積んでみましょう。

ブロックを積んだ後の「会計の公式」の変化を左側のページをめくって確認してください。

借金を返す（再々考）

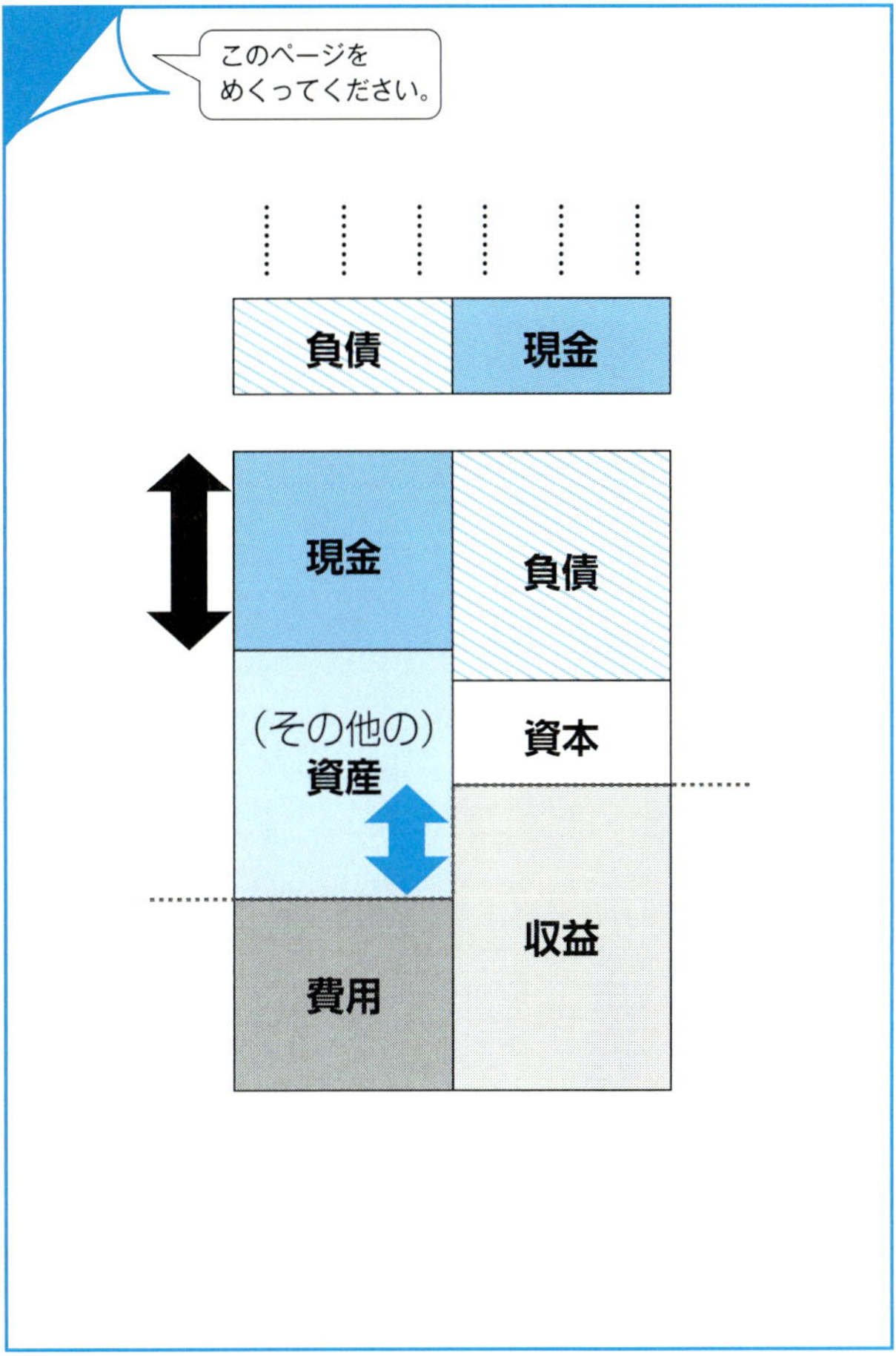
このページを
めくってください。
負債
現金
現金
負債
（その他の）
資産
資本
費用
収益

左に積まれた「負債」のブロック分だけ、「負債」が取り崩されます。右側に積まれる「現金」のブロックも定位置の反対側ですので、同額だけ「現金」を取り崩します。

ここでは、２つの矢印の変化に着目します。まず、最初に**青色の利益の矢印**ですが、これは、従来と同様変化しません。

一方、新しく追加したキャッシュフローを表す**黒色の矢印**を見てください。こちらの矢印は、借入金を返済した分減少しています。

つまり、借入金を返済した場合、利益に影響はありませんが、キャッシュフローは減少するのです。

借金を返す（再々考）

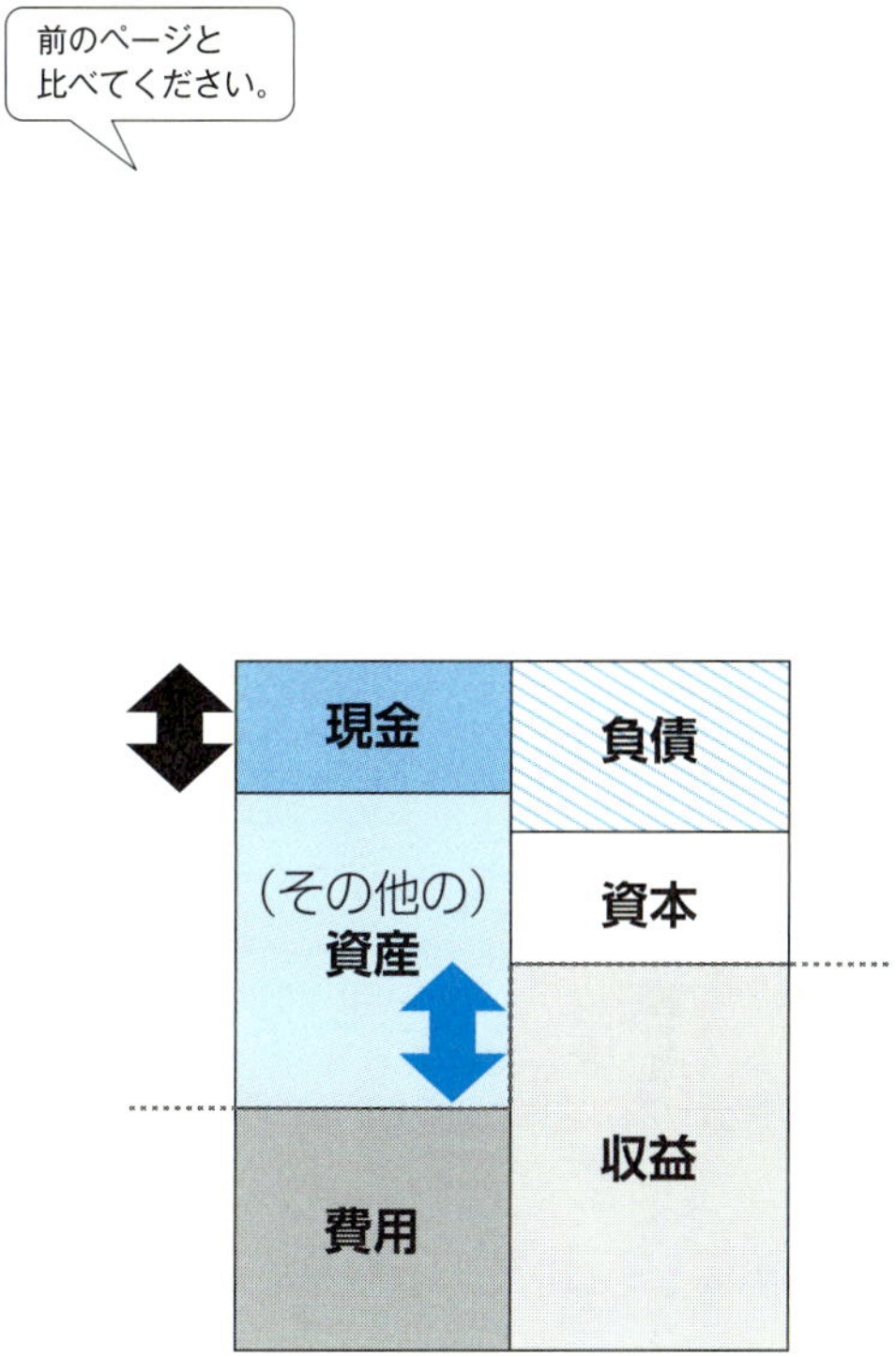
前のページと
比べてください。
現金
負債
(その他の)
資産
資本
収益
費用

これで、第Ⅰ章の解答例4

解答例4　利益が減る

「借金を返すとお金が出て行ってしまうのだから、利益も減ってしまうのでは？」

が誤りであることを、理解していただけたでしょう。

キャッシュフローと利益の関係は、**「会計の公式」**を用いれば極めて明快な話です。利益の増減とは**青色の矢印**の変化。キャッシュフローの増減とは**黒色の矢印**の変化。ただ、それだけのことです。キャッシュフローの変化を知るためにキャッシュフロー計算書を見る必要はないのです。

むしろ、キャッシュフロー計算書はキャッシュの動きに特化しているため、損益計算書の変化とキャッシュフローの関係がわかりにくい構造になっています。両者の関係を一体で理解するためには、**「会計の公式」**を利用するのが効率的です。

3 減価償却のモヤモヤを解消する

減価償却のモヤモヤ

最初に、この節における目標を設定しておきます。それは

「減価償却の自己金融効果」

を理解することです。

「減価償却」という会計用語は、会計をわからなくさせる最大要因です。さらに、この減価償却の論点は、会計以外にも経済やファイナンスの議論にも顔を出し、そのたびに読者を混乱に陥れます。

「減価償却」だけでも混乱するのに、そこに「自己金融効果」が加わると混乱に拍車がかかります。

「減価償却の自己金融効果」は、会計学の書籍において、次のように説明されています。

「減価償却は当期の現金支出とはならない費用の計上となるために、それは資金調達源泉となり、いわゆる**自己金融**の役割を果たすことになる。そのことは資本の維持機能を果たしていることを意味する。」（會田義雄『財務諸表論』税務経理協会、１９８１年、ｐ１２６）

「減価償却手続の財務的効果として、償却資産に投下された資金の回収という効果があげられる。すなわち、当該償却資産の取得のために支出された資金の額は、減価償却の手続を通じて製品原価や売上原価に算入され、しかもそれを含んだ価格で製品や商品が販売されることによって投下資金が回収される。この財務的効果は**固定資産の流動化**とか**自己金融**と呼ばれている」（新井清光『新版財務会計論　第４版』中央経済社、１９９８年、ｐ97）

解説を読んだ方の混乱は、余計に増したかもしれません。「減価償却の自己金融効果」は、会計の中でもかなり難しい概念ですが、新しい「会計の公式」を利用すれば簡単に整理できますので、しばし、おつき合いください。

減価償却とは

まず最初に、減価償却を理解しましょう。この減価償却も、会計上の必要性から生まれたものですから、その必要性がわかれば理解するのは簡単です。

皆さんが、新しい自動車を買う場面をイメージしてください。２００万円の自動車を買う際に、どのようなことを考えますか。

「２００万円という値段は高いけれど、５年間は乗るだろうから１年当たりの負担額は40万円か」

このように、複数年にわたって使用するものを購入する際には、購入価格を使用年数で割った金額も頭の中で計算しているはずです。

企業における設備投資も同様で、複数年にわたって使用される資産に対する支出は、その期間で分割して負担するのが合理的です。

具体的な例として、３年間使用できる３００万円の機械を、年度の初めに現金で一括して買ったときの会計ブロックを考えてみましょう。

自動車の購入

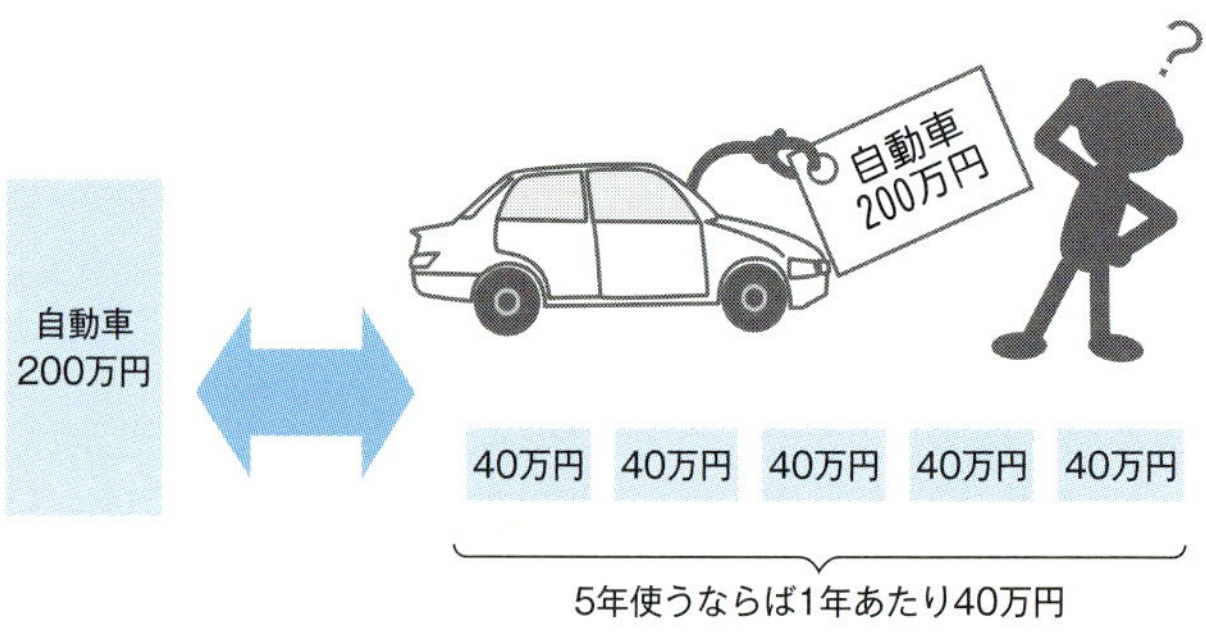

まず、現金で支払うのですから、300万円分の「現金」のブロックを用意し、これが減る側、つまり定位置の反対の右側に置きます。

次に、残った左側に置くブロックは、購入した機械を表す「資産」のブロックになります。この2つのブロックを積んだときの「会計の公式」の変化を確認してみましょう。

現金が減った分、キャッシュフローの黒い矢印は縮んでいます。一方、利益を表す青い矢印に変化はありません。「現金」と「資産」のブロックを組み替えた状態になっています。

機械を購入する

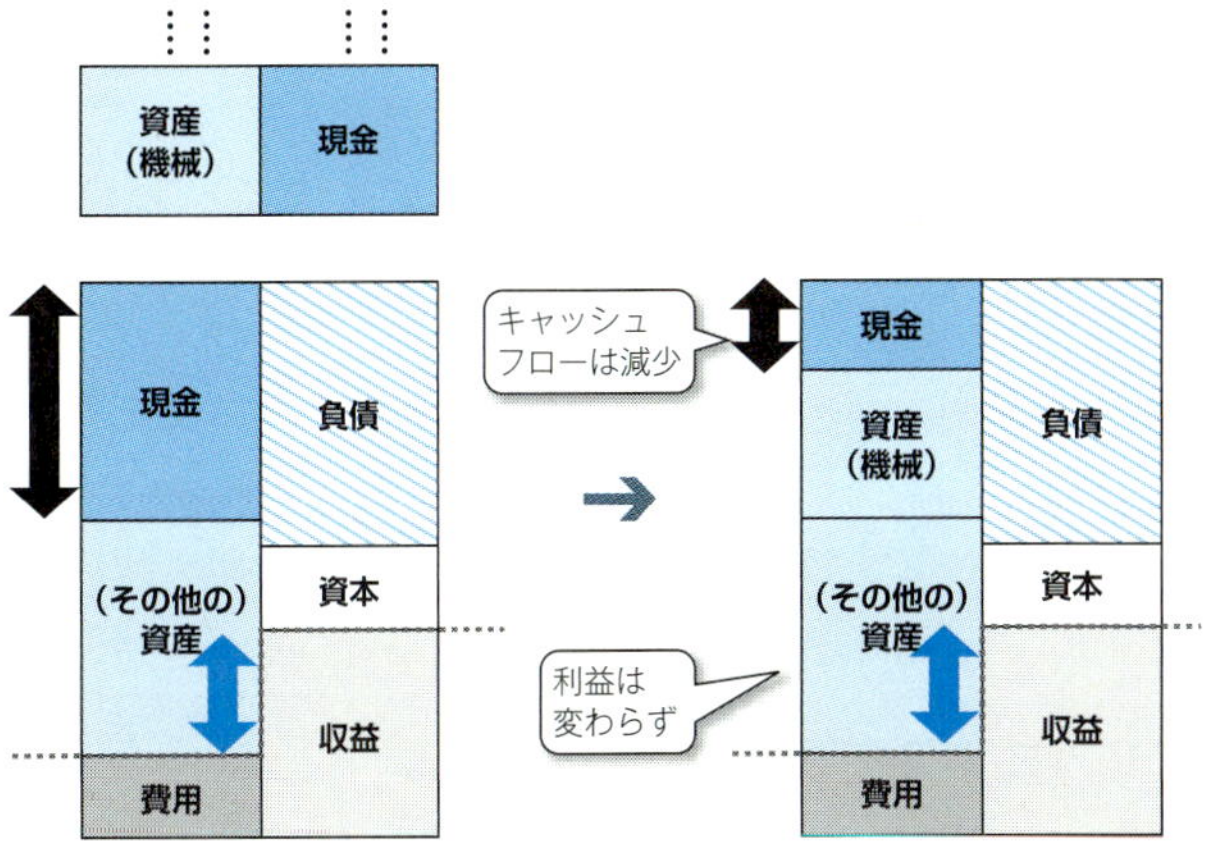

では、この機械を1年間フルに使って、年度末を迎えました。「会計の公式」は、どのように変化するでしょうか。

左側のページをめくってみてください。

「会計の公式」は、どう変化したでしょうか。

どうですか？　わからなければもう一度、めくってみてください。

そうです。まったく変化しないのです。機械をどれだけ使おうとも、購入時に代金を支払ってしまったならば、新しい会計ブロックを積むような取引は発生しませんから、「会計の公式」には何の変化も生じません。

この状況は、来年も、再来年も同様です。３００万円もする機械を買ったのに、「会計の公式」はまったく変化しないのです。

何か変な気がしませんか。

機械を使う

このページを
めくってください。

機械を購入した時点

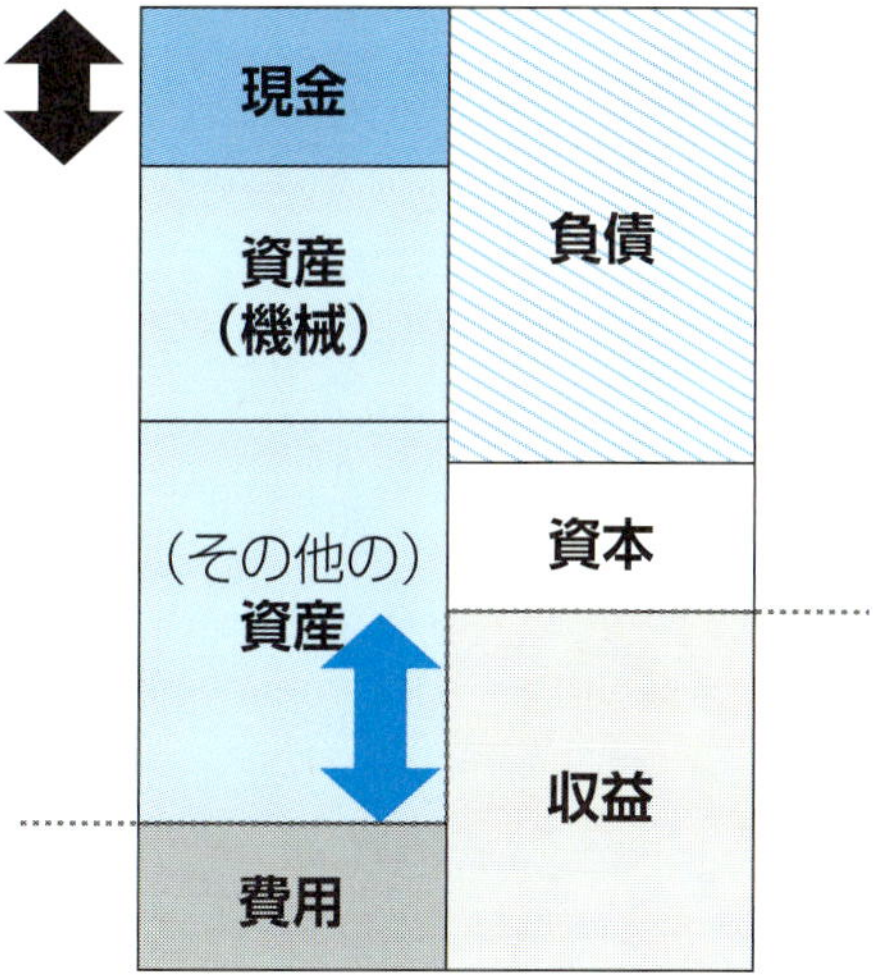

皆さんが感じる違和感は、どこにあるのでしょうか。

キャッシュフローの矢印が動かないのがおかしいのでしょうか。機械の代金は既に払っていますから、この矢印が動かないことに問題はなさそうです。

利益の矢印はどうでしょう。３００万円も支払った機械を使っているのに、利益に影響がないのはおかしな気がします。

では、利益は増えるべきでしょうか減るべきでしょうか。これは、機械購入の負担額だけ減るほうが自然でしょう。

しかし、利益の矢印を動かすためには、会計ブロックを積まなければなりません。

それは、**誰かが人為的に積むしかないのです。**

機械を使う

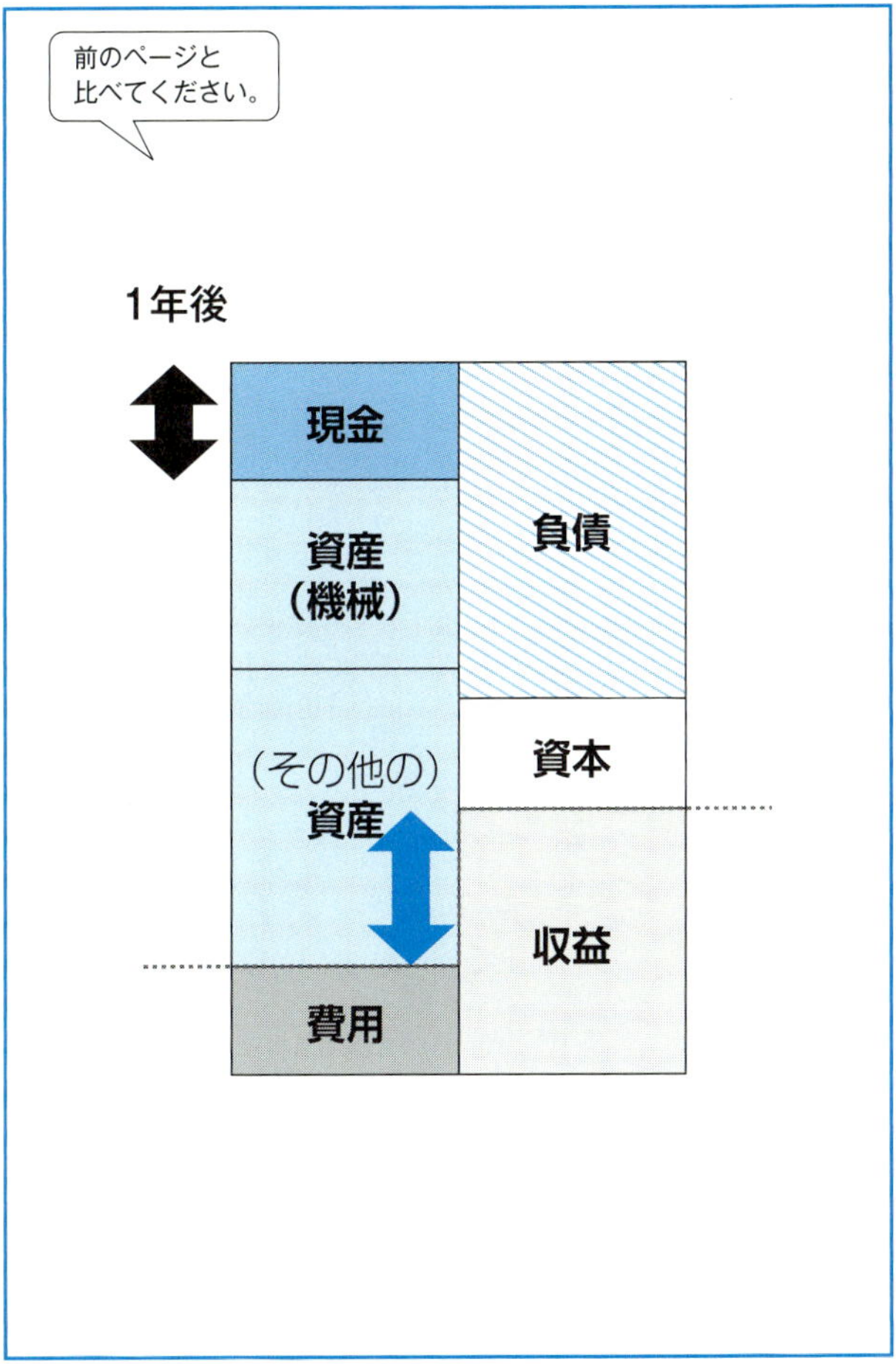
前のページと
比べてください。
1年後
現金
資産
（機械）
負債
資本
（その他の）
資産
収益
費用

会計の構造から、利益の矢印を動かすには、「収益」か「費用」のブロックが必要になります。ここでは、利益を減らしたいのですから、「費用」のブロックを用意して、定位置の左側に置きます。

次に、大きさが問題になります。先ほどお話した自動車の話と同様に、３００万円の機械を３年間使うのならば、１年間の負担額は、３００万円÷３年の１００万円で良さそうです。最後の問題は、右側に入るブロックです。

使った分だけ、機械の価値が減ると考えて「資産」を置いてみましょう。

会計の構造上、「資産」を購入した処理だけでは、利益に影響を与えることができません。そこで、「資産」のブロックを使用期間に対応して「費用」のブロックに振り替える作業を**「誰かが人為的に行う」**のが減価償却であり、このときに積む「費用」のブロックの名前を**「減価償却費」**と呼ぶのです。

この処理は、「人為的」に行うため、事前にルールを定めておかなければ、利益の金額を任意に調整できてしまいます。そこで、実際の減価償却計算では、資産の使用

減価償却のブロック

左側
右側
費用
（減価償却費）
資産
（機械）
300万円÷3年
＝100万円

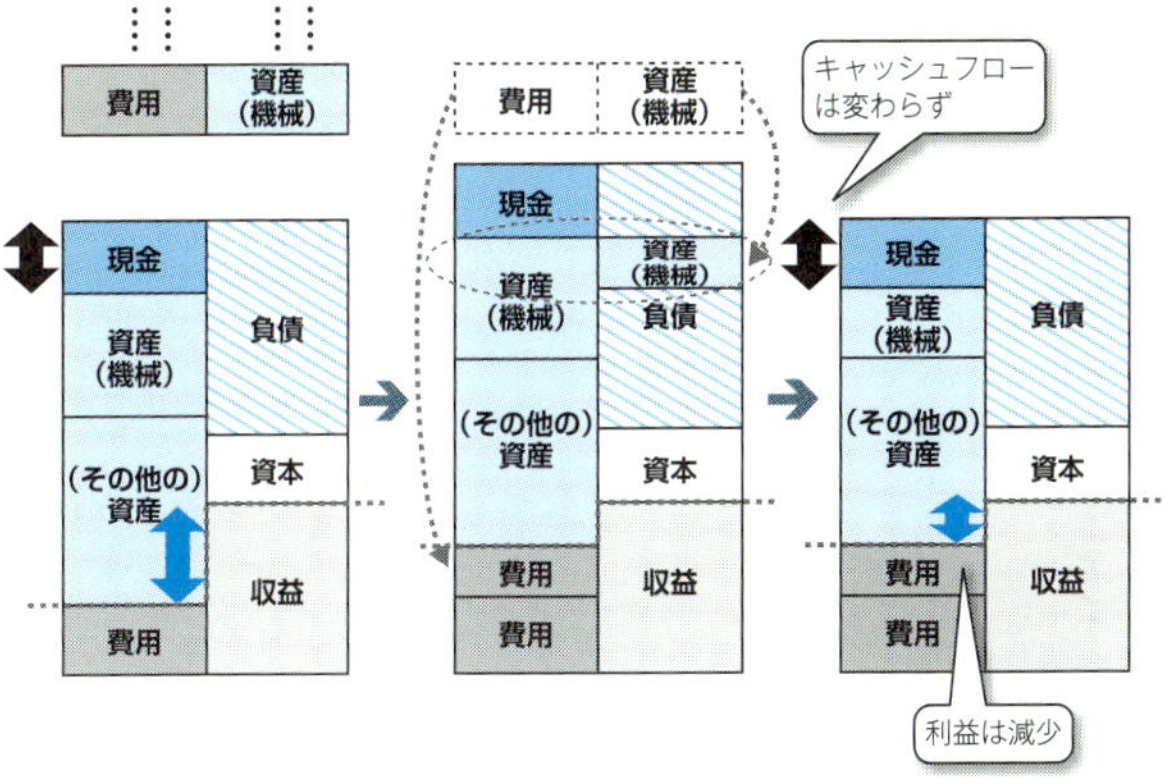
費用
資産
（機械）
現金
負債
（その他の）
資産
資本
収益
キャッシュフロー
は変わらず
利益は減少

年数や費用の分割方法などについて詳細な取り決めがあります。

しかし、減価償却計算の詳細について、皆さんに覚えていただく必要はありません。定額法や定率法といった償却方法も覚えていただく必要もありません（したがって、本書では説明もしません）。

覚えていただきたいのは、「資産」と「費用」の会計ブロックの組み合わせを人為的に積むことによって**利益の矢印を縮める**という減価償却の機能と、そのときに**キャッシュフローの黒い矢印は変化しない**という2点だけです。

「減価償却費の自己金融効果」の謎を解く

種類が6つに増えた会計ブロックと、キャッシュの矢印という2つの道具を利用すれば、「減価償却の自己金融効果」を理解することができます。

先ほど、300万円の機械を購入する事例を検討しましたが、商売をしている人が、何の役にも立たない機械を購入することはありません。先ほどの機械を利用することで、収入を得る目処があるから機械を購入するのです。

そこで、その機械を利用する商売で、１年間に１５０万円の追加の現金収入が発生するとしましょう。

そのときに発生する会計ブロックは、現金が増えるのですから定位置の左側に１５０万円分の「現金」のブロック。残った右側は同額１５０万円の「収入」のブロック。合わせて、先ほどと同様に、１年分の減価償却費１００万円分の「費用」と「資産」のブロックを積みます。

次の図では、利益の変化がわかりやすいように、利益が０の状態から、この２組の会計ブロックを積んだ結果を表しています。

皆さんは、いつもと同じように２つの矢印の動きに注目してください。

矢印の変化をゆっくり見ていきましょう。まず、青色の利益の矢印は、最初は０円でしたが、２つのブロックを積んだ後では50万円になっています。これは、利益の増加分であり、収益１５０万円と費用（減価償却費）１００万円の差額です。

利益　＝　収益　－　費用
50万円＝１５０万円－１００万円

次に、黒いキャッシュフローの矢印を見ていきます。この矢印は、２組のブロックを積んだ後に１５０万円分増加しています。この１５０万円という金額の内訳を分析してみましょう。

先ほど計算したとおり、利益が50万円増加していますから、利益分だけキャッシュフローが増えたことはわかります。しかし、残りの１００万円分は、どこから発生したのでしょう。この１００万円分は、減価償却費の金額です。

キャッシュ増加額　＝　利益　＋　減価償却費
１５０万円　＝　50万円　＋　１００万円

減価償却費は「費用」のブロックですが、「資産」のブロックと一緒に積まれるため、

減価償却による矢印の変化

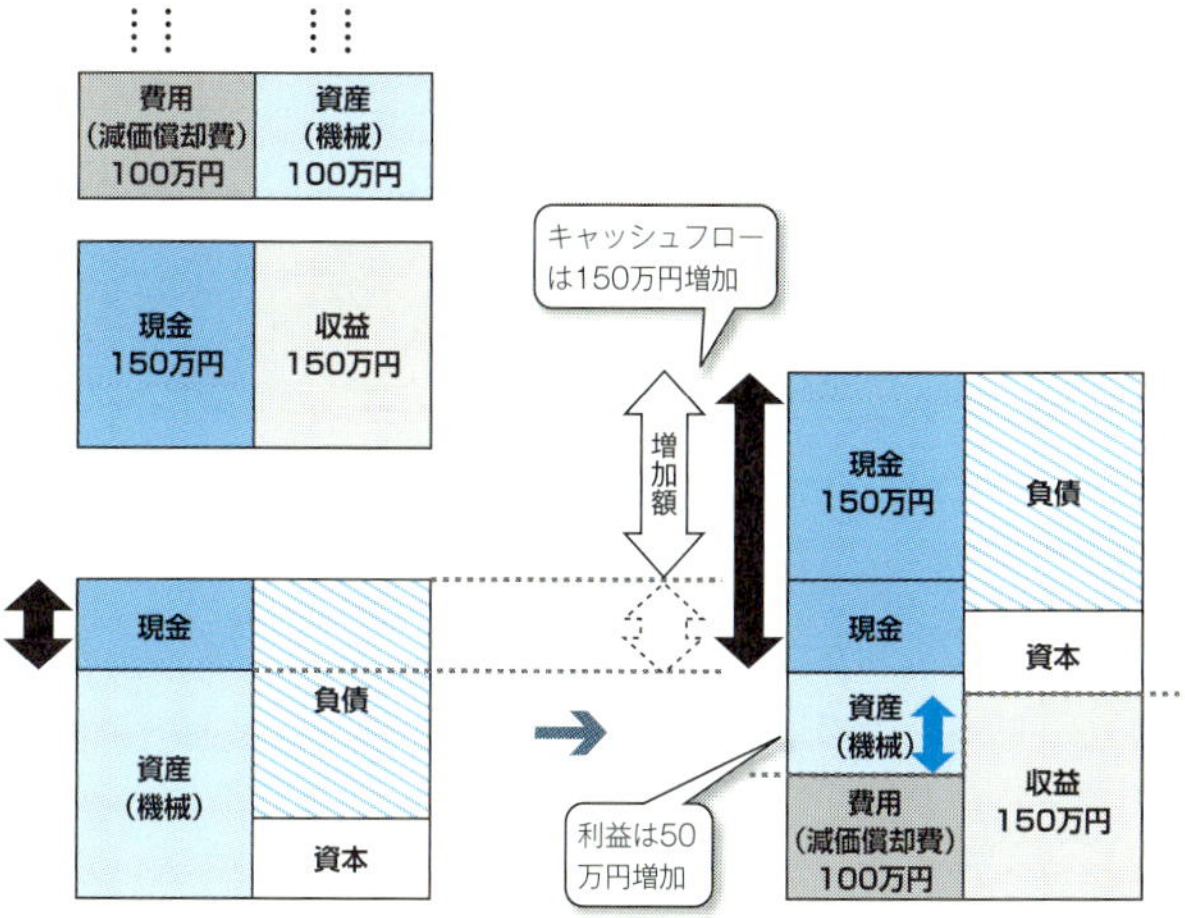

通常の費用のように現金の支出をともないません。

したがって、キャッシュは利益分だけではなく、減価償却費の金額だけ増加します。これを**「減価償却の自己金融効果」**と呼ぶのです。

会計の公式における2本の矢印の変化に着目することで、減価償却が「利益」と「キャッシュフロー」にどのような影響を与えるかが理解できます。

「減価償却の自己金融効果」の説明を聞いたときに、多くの方々が違和感を感じるようで、会計セミナーの受講生からいただく質問で最も多いものは

「資産を購入する時の支出を考慮すれば、キャッシュが増えるわけではないのでは？」

というものですが、ご質問のとおり資産購入時に現金支出が生じますから、資産購入時も考慮すれば減価償却によってキャッシュが増えるわけではありません。

さらに、「減価償却の自己金融効果」というのは、あくまでも減価償却の対象にな

減価償却のキャッシュフローへの影響

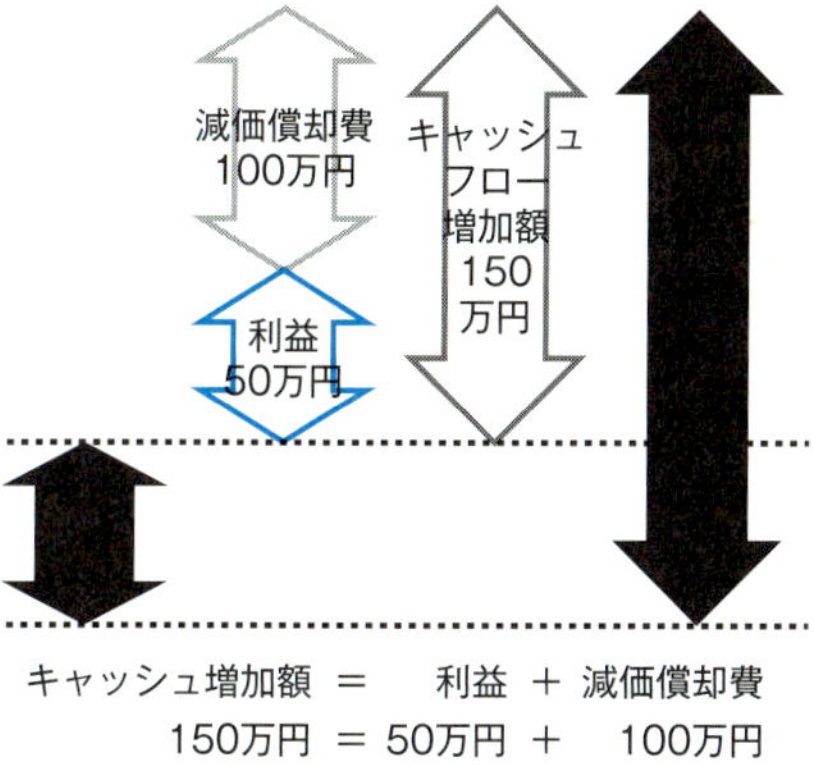

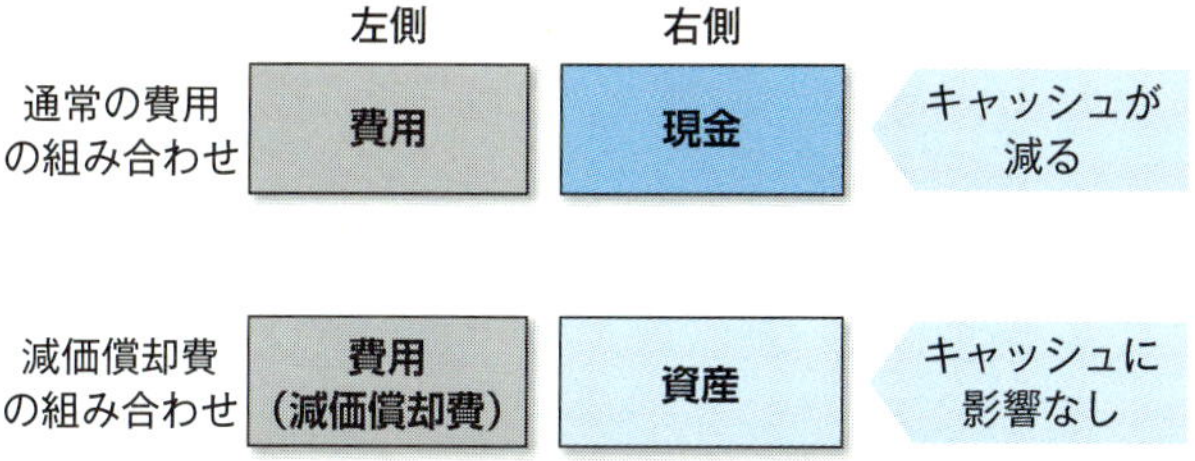

った資産が有効に活用され、将来、取得代金以上のキャッシュフロー収入が発生するという前提のうえに成り立っています。

「自己金融」という単語から、資金が増えるような印象を持ちますが、「増える」というよりも、減価償却分の資金が「残る」と表現したほうが適切でしょう。

つまり、多くの方々の持つ直感のほうが正しいのですが、そこに「減価償却」と「キャッシュフロー」という会計用語が紛れ込んでくるために、混乱が助長されているだけなのです。

会計上の「利益」と実感としての「儲け」に差が生じる主な要因は、この減価償却に潜んでいます。それは、キャッシュの出入りと費用を計上する時期にズレが生じるからです。

したがって、減価償却費を損益計算書における費用の一項目として理解してしまっては実務の役には立ちません。減価償却はキャッシュフローと関連付けて理解することで初めて実効性のある知識になるのです。

4 利益とキャッシュフローの関係

利益が増えればよいのか

先ほど、「減価償却の自己金融効果」をご説明する際に、「利益分だけキャッシュフローが増えた」と書きました。では、利益が増えれば、キャッシュフローも必ず増加するのでしょうか。ここでは、新しい「会計の公式」を利用して、利益とキャッシュフローの関係を見ていきたいと思います。

会社間の取引は、取引時に現金で決済するのではなく、一定期間後に代金を支払う信用取引で行われます。したがって商品を販売したり、サービスを提供して「収益」のブロックを積んでも、その反対側（左側）にくるブロックは「現金」ではなく、将来、代金を回収する権利を表す「資産（売掛金）」のブロックになります。

では、このブロックを積むと2つの矢印はどのように変化するのでしょうか。

「収益」のブロックが積まれることによって、利益は増加しますが、キャッシュフローを表す黒い矢印に変化はありません。

このように、利益が増加してもキャッシュフローに影響を与えないケースもあるのです。

次に、販売した代金を現金で回収したときの会計ブロックを考えてみましょう。

通常の売上（信用取引）

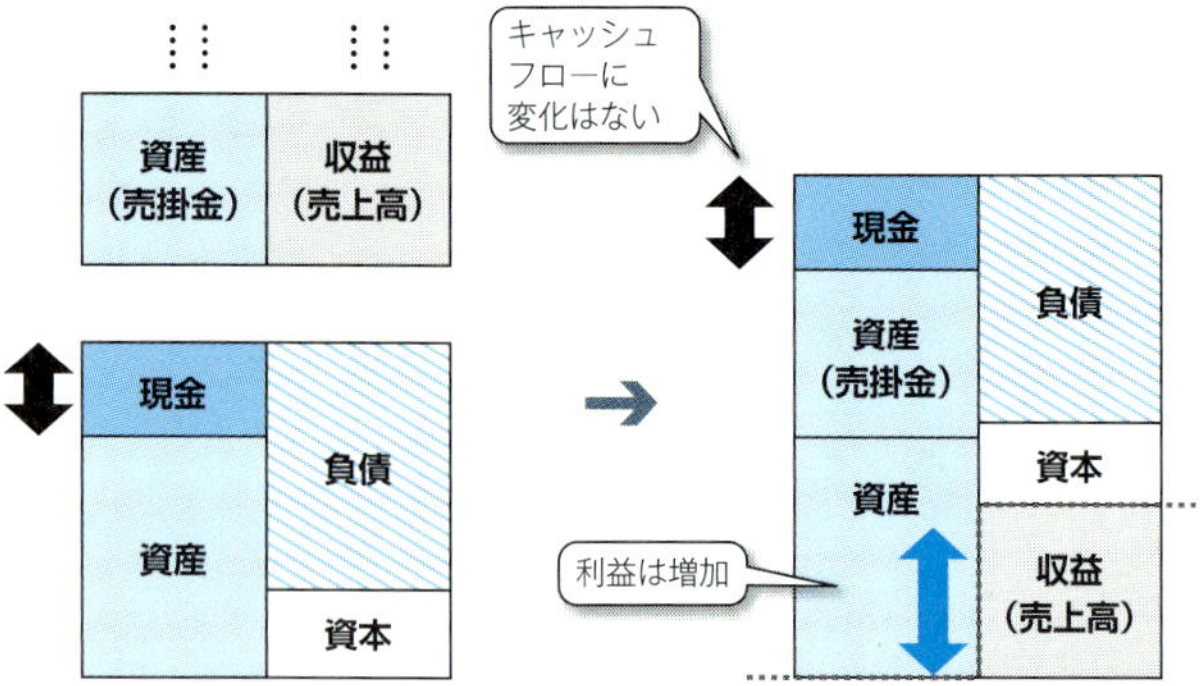

現金が増えるのですから、「現金」のブロックを左側に積みます。代金を払ってもらった時点で、代金分の債権は消滅しますから、右側に「資産（売掛金）」のブロックを積みます。

先ほどの会計ブロックに、引き続きこの会計ブロックを積んでみると、今度は、利益の矢印に変化はありませんが、回収した代金分だけキャッシュフローは増加します。

利益の動きとキャッシュフローの動きは、必ずしも一致するわけではありません。しかし、新しい「会計の公

代金の回収

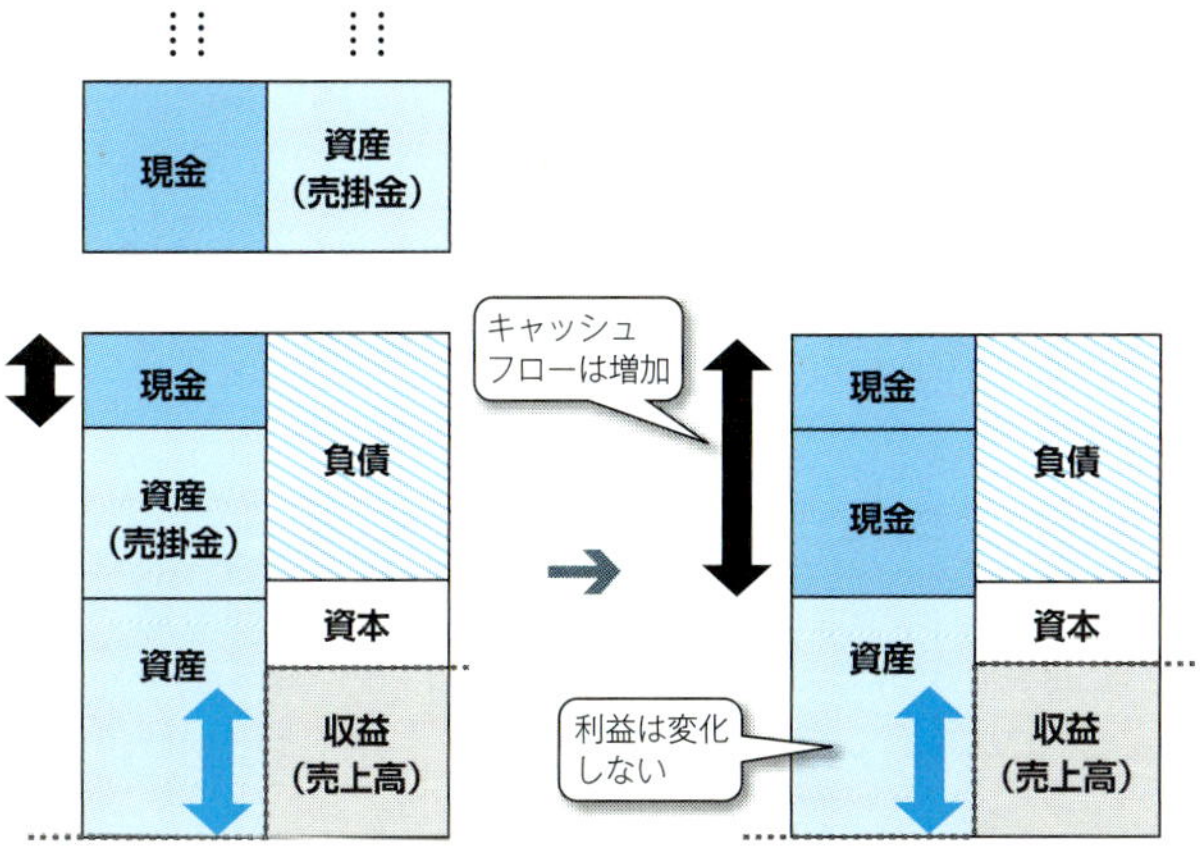

式」と「会計ブロック」を使って、落ち着いて考えてみれば、両者の規則性を理解できるはずです。

利益とキャッシュフローは一体で考える

本章の冒頭で、経営上、キャッシュフローは、利益よりも大切だとお話しました。しかし、両者の間には微妙な違いがあることもわかってきました。キャッシュフローの改善にあたっては、キャッシュフローと利益を一体で考えることが大切です。キャッシュフローが利益に優先するからといって、キャッシュフロー増大だけを追求することはできません。

たとえば、キャッシュフローを増加させるためには、掛けの販売を現金取引にしたり、掛けのサイト（販売から支払までの猶予期間）を短くすればよいことは明らかです。しかし、そのような取引条件を強制することで、利益の源泉となる、肝心の得意先が減ってしまっては、元も子もありません。

キャッシュフローの源泉はあくまでも利益です。まずは利益の極大化を目指しながら、そのなかでキャッシュフローに影響を与える項目を改善していくのが現実的なアプローチになります。

その際に、利益とキャッシュフローの関係がわからなければ適切な対策を打つことはできないのです。

第Ⅴ章　普通の人が普通に使う会計

1 自らの行動と会社の利益を結びつける

どんなブロックを積んでいるのか

皆さんの日々の業務が、会計ブロックを生み出し、それを積むことによってどのように決算書が変化していくかをイメージできるようになったでしょうか。

会計ブロックは、皆さんの行動によってひとつずつ積み上げられていき、1年間積み上げた無数のブロックが決算書となって会社の姿を表します。

その仕組みは、会社の業種や規模の大小を問いません。決算書は、経営者や経理部門が、一筆で書き上げるようなものではないのです。

測定できないものは管理できない

現在、我が国の多くの産業は成熟期に達しており、前年同期を上回る水準を維持するための極限の競争が繰り広げられています。その結果、多くの改善活動はミクロレベルで行われ、その改善レベルは数％という範囲です。

その際に問題となるのは、1％レベルの精度に対応できる指標があるかということです。成果を可視化する指標がなければ改善活動は測定できませんし、測定できないものは管理できません。

かつて、我が国において品質管理の名のもとに、改善活動が華々しい成果をあげた製造部門では、不良率や作業時間といった精度の高い指標が存在しました。それら指標を管理対象とすることによってミクロレベルの改善を継続的に実施できたのです。

企業経営において、その指標となり得るものは「会計」しかありません。しかし、個数や時間とは異なり、「会計」を指標として使用する限り、それを用いる人々に最低限の会計知識が必要になります。

ここからは、各部門ごとに会計の使い方の一例をご紹介していきましょう。

2 営業現場にて

相手も会計にしばられている

会計は、すべての会社を規制するものであり、皆さんも会計上の制約のもとで利益を上げなければいけません。しかし、それは、あなたの会社だけの話ではありません。あなたの取引先の会社も同じように会計の規制にしばられており、その中で企業活動を行っているのです。

会計のルールを学ぶことで、取引先の隠れたニーズが見えてきます。

9万9800円は端数価格か？

商品の価格設定は経営における重要課題です。たとえば、価格設定時のマーケティング手法に「端数価格」があります。これは、1000円や1万円といった区切りのよい価格に対して980円や9800円などの端数を持った価格を設定することで、消費者心理に安価なイメージを持たせようとするものです。皆さんも、店頭でよく目にされているでしょう。

この価格設定に会計が影響を与える局面があるのです。

資産と費用の分かれ道

会計上、100万円の支出をしても、その対象が資産である場合には、利益に影響を与えません。しかし、その対象が費用の場合には、100万円の利益が減少します。

その支出が資産なのか費用なのかの区分は、その支出の内容で判断されます。基本的には、財産的な価値が残るものが資産になり、1年以内に消費されてしまうものは費用になります。

資産の種類には、次のようなものがあります。

たな卸資産…商品や原材料などいわゆる在庫のこと。

固定資産…会社が事業活動のために保有する資産で使用期間が1年を超えるもの。

　有形固定資産、無形固定資産、投資その他の資産に大別される。

有形固定資産…具体的な形態のあるもの。建物、機械、車両、器具、備品など。

無形固定資産…具体的な形態のないもの。ソフトウェア、借地権など。

投資その他の資産…投資用の株式など。

固定資産のうち、その価値が時間の経過に応じて減少していくものについては減価償却によって費用化しますので、個別の管理が必要になります。

本来、資産と費用の区別は支出の内容によって決まるのですが、会社の管理負荷を考慮して、少額の固定資産については、資産ではなく支出時の費用として処理することが認められています。

その際の判断基準となる金額が**10万円**なのです。

したがって、同種類のパソコンであっても値段が12万円の機種は資産となり、９万９８００円の機種は費用として処理できるのです。

このような少額資産の金額基準という視点を持つと、9万9800円という価格は、端数価格以上の実質的な意味を持ちます。

会社の隠れたニーズ

会社は利益の獲得を目的とすると言われますが、実際の経営者の思考は若干、異なります。もう少し正確に表現すれば、

「儲けたいけど儲けたくない」

と考える会社が多く存在します。

矛盾する表現のようですが、これは、利益は増やしたいが、それにともなって税金が増えるのは避けたいという心境を表わし

固定資産と費用

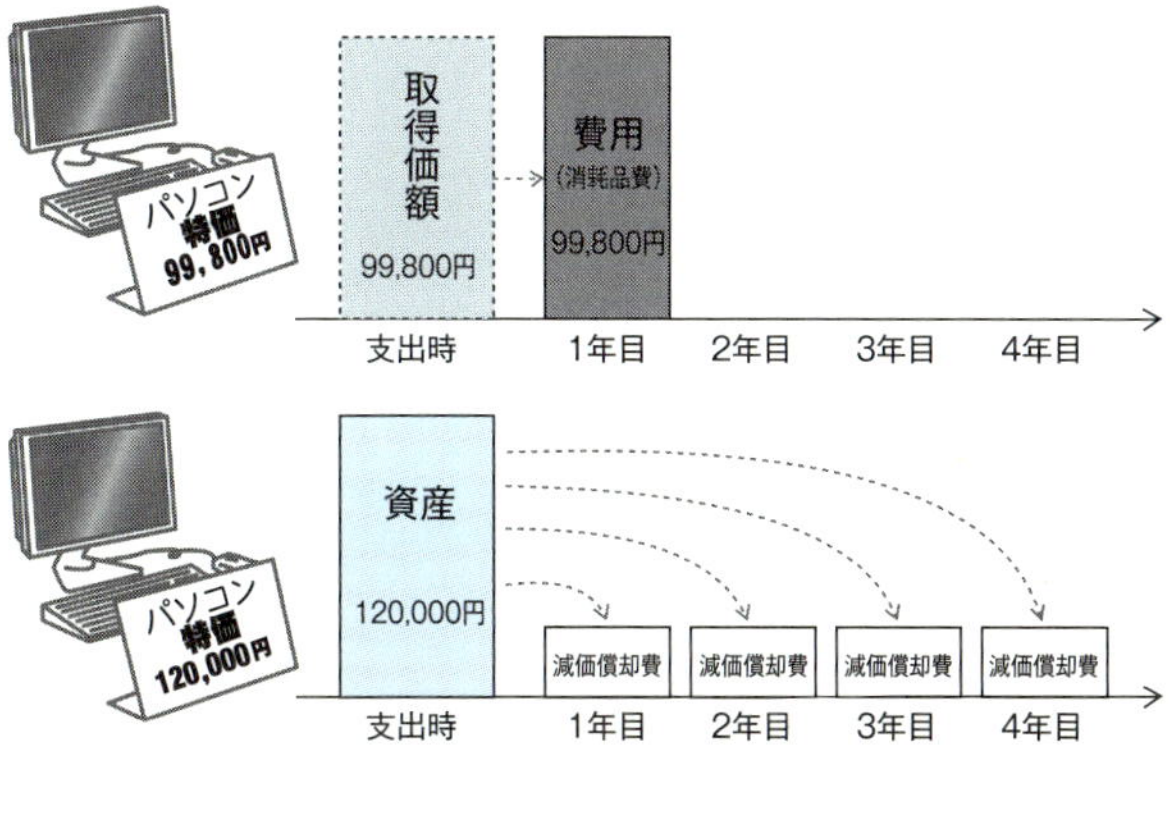

ています。

株式を上場している会社は、利益の最大化を目指しますが、我が国において圧倒的多数を占める株式を上場していない中堅企業においては、この「儲けたいけど儲けたくない」という思考は、一般的なものです。

このような思考から、決算期末になると会計上のルールの枠の中で、納税額を調整したいというニーズが生まれてきます。

また、多くの会社では予算制度が導入されており、各年度の経費予算と設備予算は別々に設定されています。その際に、経費予算の枠の中で処理したいというニーズに対応するためにも、少額資産という会計のルールを考慮した価格設定が意味を持つのです。

3 製造現場にて

なぜ在庫を減らすのか

どこの製造現場でも、在庫削減や在庫圧縮という目標が設定されていると思います。では、なぜ在庫を削減しなければならないのでしょうか。

この問いは、正確に答えることが難しい問題です。なぜなら、ここまで学んできた会計知識を総動員させて多角的な視点から考える必要があるからです。

過剰在庫が企業活動に与える影響について、以下の5つの視点からひとつずつ検討していきましょう

①Cost　コスト
②Cash flow　キャッシュフロー
③Risk　リスク

④Time　タイム

⑤Mind　マインド

コストへの影響

過剰在庫が有する問題のうち、最もわかりやすいのはこのコスト（費用）への影響でしょう。コストは、その発生原因によって管理コストと金利コストに分けられます。

a　管理コスト

在庫は、販売または製造に用いられるまで、どこかに保管しておかなければなりません。物理的な在庫を保管する限り、保管期間にわたって管理コストが発生します。

たとえば

・倉庫の賃借料

・在庫管理者の人件費

・在庫への保険代　など

これら管理コストは概ね在庫量に比例しますから、在庫を削減することによって管理コストの削減も可能になります。

b　資金コスト

今、議論している在庫は、会計上、貸借対照表の「資産」に計上されます。また、貸借対照表は、左側が資金の使途、右側が資金の調達を表しました。

たな卸資産を購入するためには、それに見合う資金を調達しなければなりませんが、通常、商品などの仕入れは掛けで行いますので、仕入れた時点で現金を用意する必要はありません。右側の調達源泉としては、仕入業者へのツケ、つまり買掛金でまかなわれます。

ただし、買掛金は、仕入先が支払を猶予しているだけですから、約束した一定の期日が来れば仕入れた商品が売れたか否かにかかわらず、代金を支払わなければなりません。

通常、仕入れた商品が販売されて回収されるまでのサイクルよりも仕入先への支払いのサイクルのほうが短いため、売掛金と商品在庫の合計額は買掛金の残高よりも大きくなり、この差額だけ資金が不足します。このような不足額を運転資金と呼び、一般には銀行からの借入金で補われます。

銀行からの借入金は、借入期間に応じて自動的に利息が発生していきます。これが資金コストです。

高々、利息分とお考えかもしれませんが、利息は昼でも夜でも休むことなく発生し続けますから、企業損益に与えるインパクトを無視することはできないのです。

在庫の資金コスト

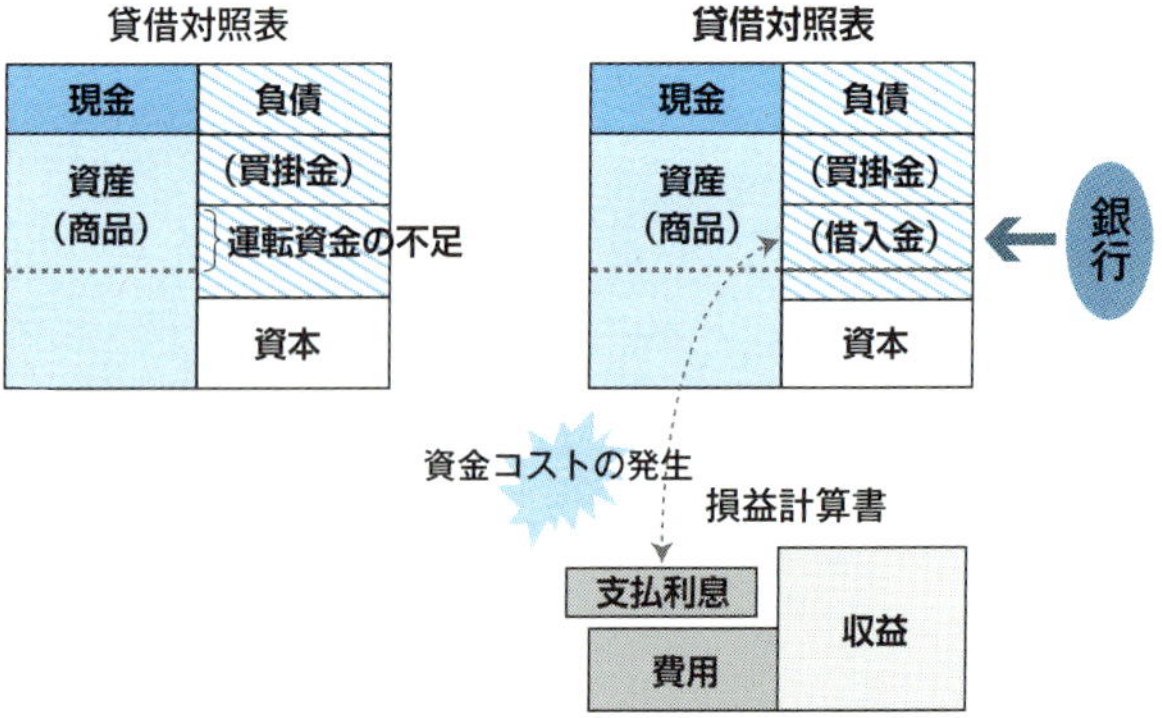

キャッシュフローへの影響

在庫自体は資産に計上されるため、販売されるまで損益に影響を与えません。しかし、企業のキャッシュフローには大きな影響を与えます。

キャッシュフローへの影響については、「会計ブロック」と「会計の公式」を見ていただければ、一目瞭然です。

在庫が増加するということは、支出したキャッシュが回収されないままの状態になっているということですから、在庫の増加額だけキャッシュフローは減少します。

キャッシュフローへの影響

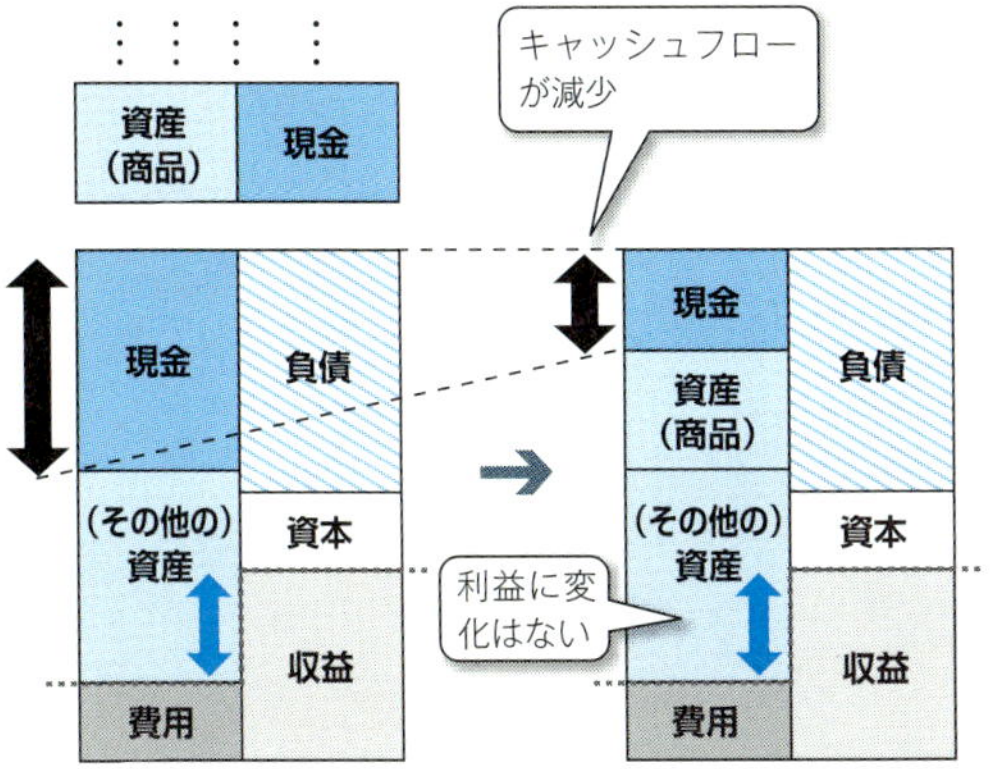

リスクへの影響

製品を作れば売れる時代は終わりました。現在の経済状況では、在庫は常に売れ残りや販売価格の低下といった陳腐化のリスクにさらされています。

たとえば、100円で仕入れた商品を、今まで、200円で販売していましたが、陳腐化によって20円でなければ販売できなくなったとします。このような場合の影響を会計ブロックで確認してみましょう。

この商品は購入代金である100円で資産に計上されていますが、今では20円の価値しかありませんから、会計ブロックの大きさを調整しなければいけません。会計には、時価が下落した、たな卸資産は時価まで帳簿価額を減じなければならないルールがあるからです。

資産にある商品を減らす際には、定位置の反対側である右側に「資産」のブロックを、残った左側には「費用」のブロックを積みます。その結果、利益が減少します。

前述した管理コストや資金コストは在庫に対して発生する付随的な費用ですが、この評価損は、在庫の取得価額そのものが損失になりますから、企業経営に与える影響は甚大です。

この、陳腐化リスクは保有するすべての在庫に生じ、このリスクを軽減するには手持ちの在庫量を減らすしかありません。

一方、在庫量を減らしてしまうと、欠品による売り損ねが増加します。もしも在庫があったならば実現できたであろう販売の「機会」を失っているので、これを機会損失と言います。

実務において在庫の削減が難しいのは、この機会損失と陳腐化リスクが常にトレードオフの関係にあるからです。

商品の評価損の計上

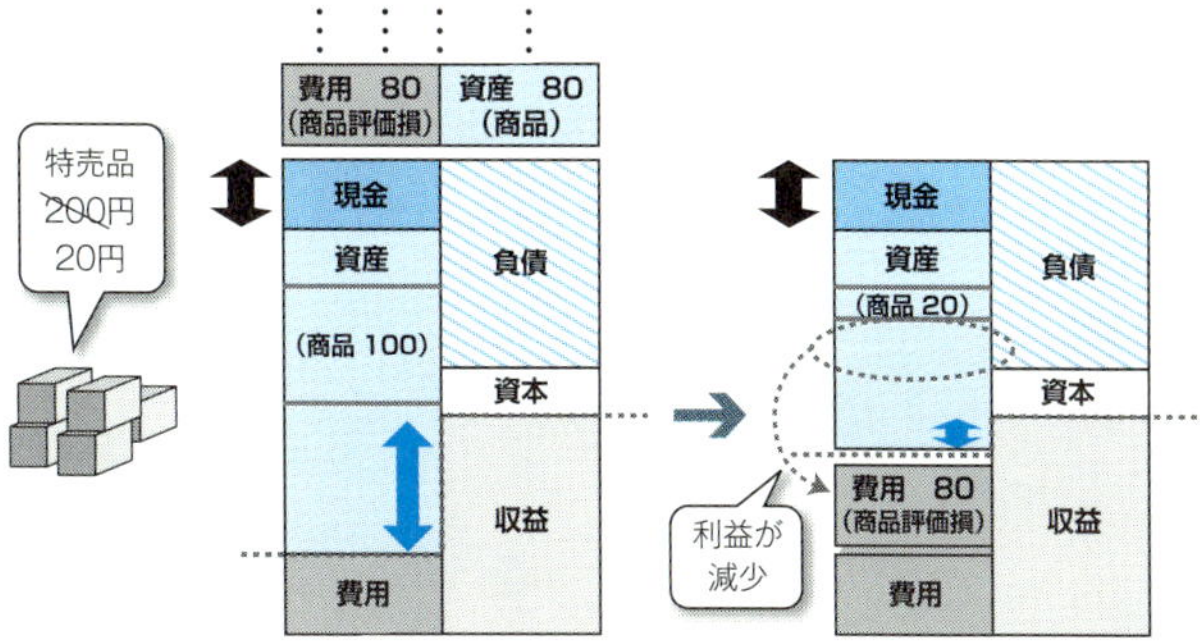

タイムへの影響

在庫はお金が形を変えたものです。したがって、使われない在庫が滞留している状況は、お金が時間つぶしをして働くことをサボっている状況と同じです。

厄介なのは、この「時間の浪費」は、損益計算書上に表れないことです。「会計の公式」において、在庫は、購入した時点では資産に計上され、それが販売された時点で、初めて費用に振り替えられます。そのため、購入した在庫を1年後に販売しても、10年後に販売しても、販売時に算出される利益の金額に違いが表れないのです。

この「時間の浪費」を顕在化するためには、損益計算書だけではなく、貸借対照表も考慮した、収益性指標を利用します。

収益性指標は、損益計算書の利益の金額を貸借対照表上の投下資金の金額で除して求めます。資金が1年間でどれだけ稼いだか（働いたか）を割合で表したもので、資金利用の効率性がわかります。

収益性指標（％）＝利益÷投下資金（資産 or 資本）

（例）ＲＯＡ（Return On Assets：総資産利益率）＝利益÷総資産

ＲＯＥ（Return On Equity：資本利益率*）＝利益÷資本

*現在では、自己資本利益率と表現される

在庫を削減すると分母の投下資金額が小さくなるので収益性指標が改善されます。

また、収益性指標は、２つの式に分解できます。

収益性指標（％）＝利益÷資産

＝（利益÷売上高）×（売上高÷資産）

＝売上高利益率　×　資産回転率

収益性は、売上高利益率（商品あたりの利益率）に、資産回転率（1年間に何回転入れ替わるか）を乗じたものですから、商品あたりの利益率が一定であっても、回転率を上げることで改善が可能です。つまり、在庫の滞留時間を減らすことがポイントになります。また、在庫の回転率を上げることは陳腐化リスクを減ずる効果も併せ持ちます。

この「時間」、言い換えれば効率性という視点は、損益計算書と貸借対照表が結びつかなければ見えてきませんので、会計全体を理解していなければ見落とされてしまうのです。

マインドへの影響

在庫の削減というテーマは、機会損失との相反関係もあり、極めて難しい問題です。それでも、企業は在庫の削減に取り組まなければなりません。

なぜならば、在庫の最大の問題点は、業務のバッファとなって問題を顕在化させず、業務プロセスを改善する機会を奪ってしまうからです。

在庫量に制限を与えないと、販売現場では欠品を恐れ、製造現場では材料不足によるラインストップを恐れ、それらを回避する手段に在庫を利用します。その結果、企業全体としては膨大な在庫を抱えることになります。

機会損失を恐れて過剰在庫を放置しておくと、陳腐化リスクが増加するのみならず、機会損失を減らすための努力さえも放棄されてしまいます。この意識（マインド）への影響こそが、在庫の恐さなのです。

既にさまざまな改善活動が行われている現在において、さらなる在庫の削減を図ることは容易ではありません。極限に近づいた条件下で、改善活動を継続するためには、これら複数の視点を漏れなく監視することが大切です。

満水のダムが弱い場所から決壊するように、極限状態における改善活動では、目の届かないところに悪影響が生じやすいからです。在庫金額だけに着目していると、管理コストや効率性にツケが回されます。

改善活動を正しい方向へ導くためには、貸借対照表、損益計算書、キャッシュフロー計算書を一体でイメージできるまでの会計知識が必要になるのです。

4 会計知識の使い方

会計を使って儲けることはできるのか（再考）

本書をお読みいただいた皆さんには、本書の冒頭に掲げた、

「会計を使って、利益を生み出すことはできるのか」

という問いは、その設定自体が不十分であることに、お気づきになられたでしょう。経営が対象とする領域は、損益計算書上の利益だけではなく、キャッシュフローや貸借対照表上の資産・負債までをも含むものです。

会社経営の総体としての決算書を、目指すべき理想形に近づけるために、一歩ずつ動的に変化させていくことが経営者の、また、組織に属する皆さんの目標です。皆さ

んが改善の対象とするものは、短期的な「利益」だけではありません。「会計」という総合的な視点を持たない限り、多くの問題点は見落とされたまま**放置されているのです。**

新しい視点

皆さんは、「会計」という知識によって、会社を網羅的に見る力を身に付けました。従来、予算で管理された損益計算書の中だけで考えていた改善策が、今ならば、キャッシュフローや貸借対照表までをも含めて検討できるはずです。

新しい視点① 損益の改善

売上のブロックと費用のブロックを個別に改善しても、収益と費用の差額である利益の段階で改善されなければ意味がありません。反対に、損益レベルの改善が見込めるならば、その前段階の収益と費用のブロックの組み合わせには自由度があるということです。

たとえば、販売促進費が増加しても、それ以上の売上増加が見込めるならば、損益レベルでの改善は可能です。

新しい視点②　将来の費用

今期の費用を削減できなかったとしても、将来の費用発生元の削減を検討しましょう。

将来の費用発生元は通常、貸借対照表の中に含まれています。たとえば、所有資産から生じる管理経費や、借入金の金利などです。費用のブロックを生み出す元を探していくことで、新たな改善策が見えてきます。資産の質を高めることは、長期的な利

新しい5つの視点

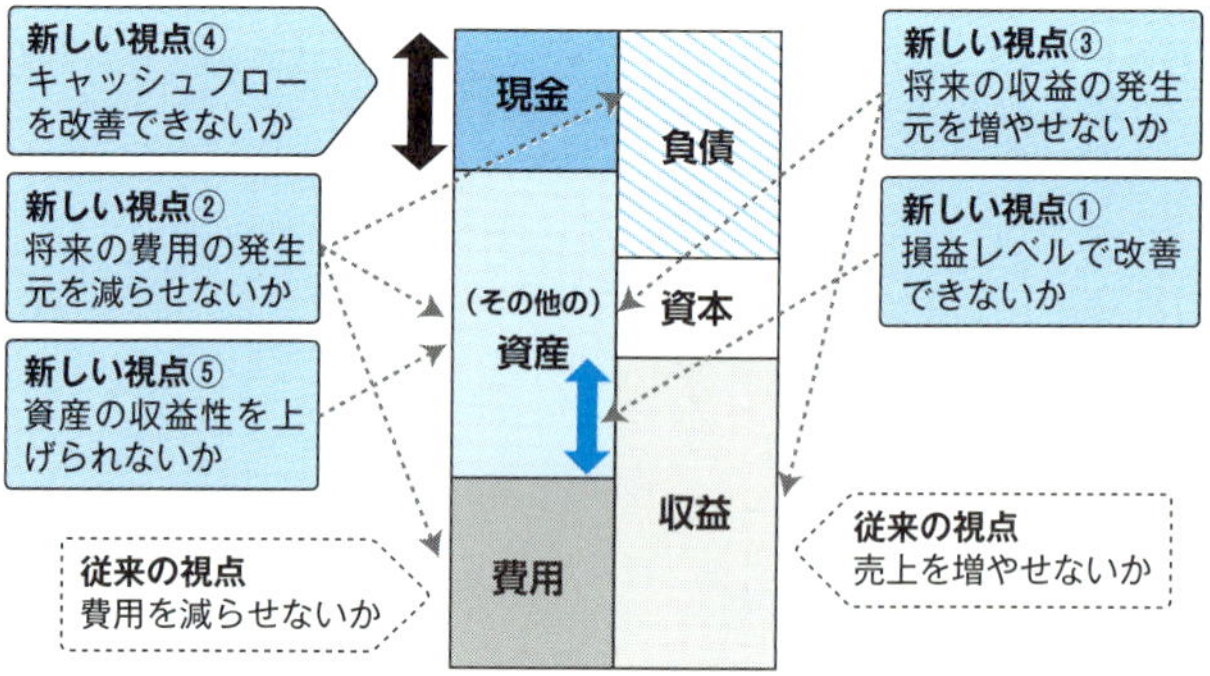

益の獲得に貢献するとともに、経営の効率性を高めます。

「資産」を処分すると「費用」のブロックに振り替えられるために、一時的に損失が発生しますが、このようなブロックの組み合わせの場合には、キャッシュフローに影響がない点も覚えておいてください。

新しい視点③　将来の収益

今期の収益の増加だけではなく、将来の収益増加の元になる投資的な支出の質を検討しましょう。

また、会計理論上は、支出の効果が将来に及ぶものが「資産」、その効果が短期的なものは「費用」に分類されますが、実務

資産の処分

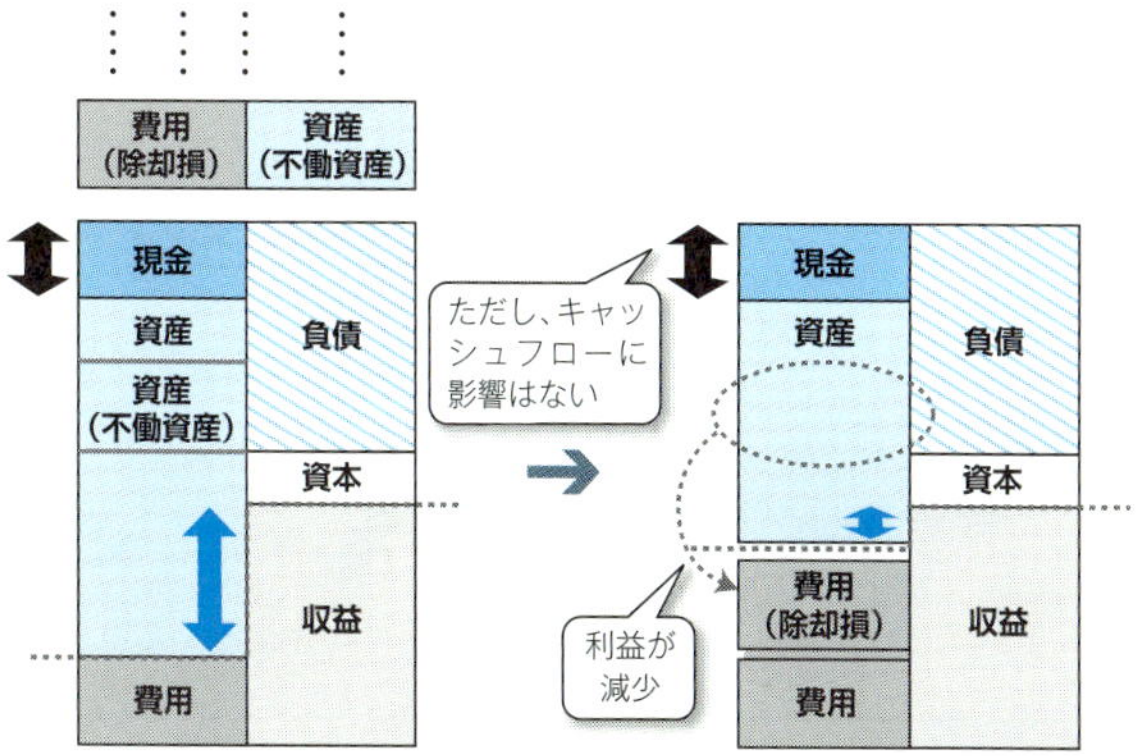

上、「費用」として処理される「広告宣伝費」や「研究開発費」などには将来的な収益獲得に貢献するものもあります。

新しい視点④　キャッシュフローの改善

損益の改善ができなくても、回収条件や支払条件の見直しによってキャッシュフローの改善が図れる可能性があります。

注意していただきたいのは、キャッシュフローの改善とは、単にキャッシュの残高を増やすことではなく、キャッシュフローにおける〝フロー〟を増加させる点にあり、それは後述する収益性の問題に関連します。

キャッシュフローの改善

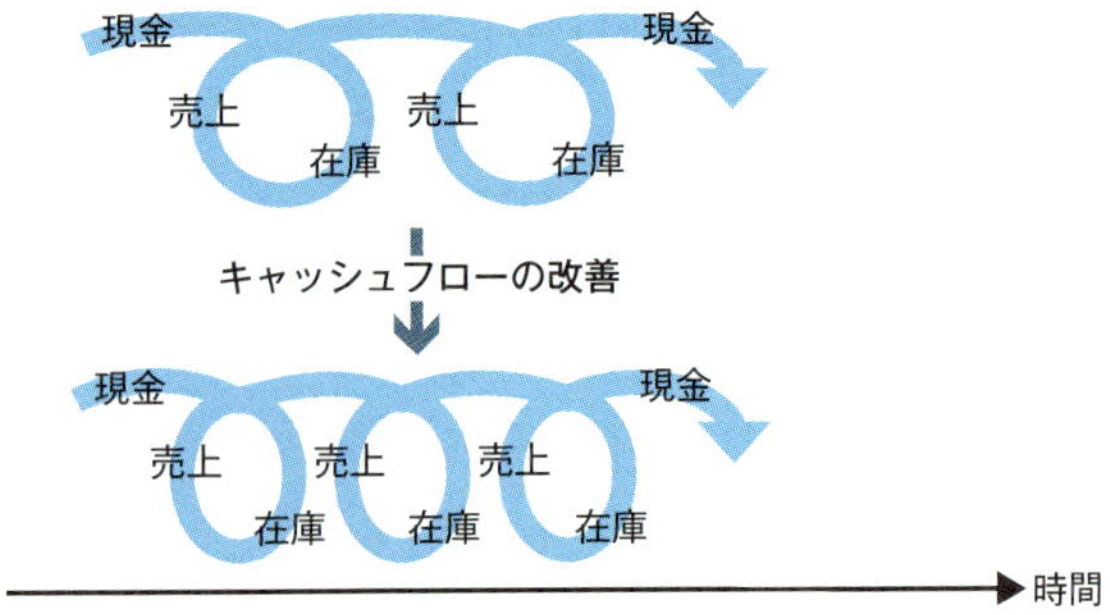

新しい視点⑤　収益性の向上

経営における収益性とは、投下された資金が効率的に活用されたかという視点です。したがって、収益性は利益の絶対額ではなく、投下資金に対する利益の割合として表現されます。いわゆる〝利回り〟と同様の概念です。

前節でご紹介したＲＯＥやＲＯＡといった収益性の指標は、企業経営における総合的な指標であり、企業の経営目標値としても採用されています。

収益性の指標は、利益率と資産回転率に分解して考えることが大切です。

収益性指標（％）＝利益÷資産
＝（利益÷売上高）×（売上高÷資産）
＝売上高利益率×資産回転率

収益性は、利益率の向上によって高められるだけではなく、資産活用の効率性を表す資産回転率の向上によっても改善することが可能です。キャッシュフローの増加は、この資産回転率の改善を介して収益性の向上にも寄与するのです。

1%対99%

組織再編や企業買収など、会計知識を用いたビジネス・モデルの利用によって、売上を20%増加させたり、利益を50%改善するといった事例も存在します。ただし、このようなビジネス・モデルの企画・立案は、経営者と経理・企画部門に属するおよそ1%に満たない人々の業務です。

本書の読者対象である残りの99%の皆さんには、全うすべき日常業務があり業務の範囲も限定されています。

しかし、99%の人々が、各人の定められた業務範囲において1%、いや0・1%の改善を続けられる組織のほうが、1%の人々の能力に頼る組織よりも強いはずです。

従来、会社組織内で使われる「会計」は、予算制度を介し

1%対99%

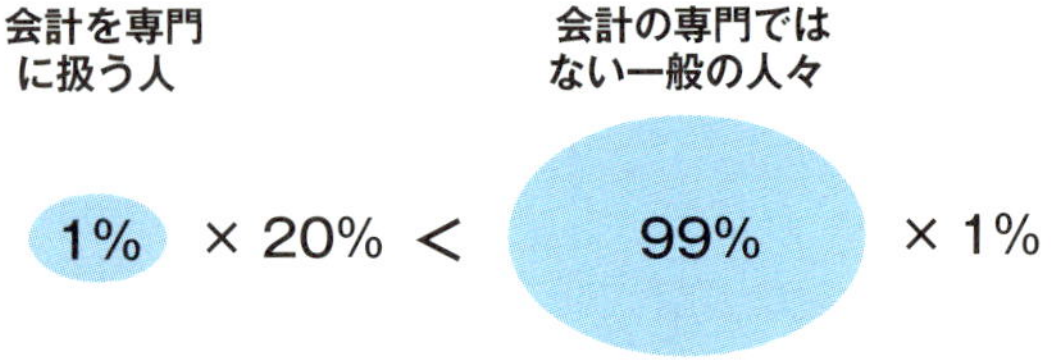

て、1％の人々が99％の人々を管理する手法として用いられていました。

本書でお伝えしたかったことは、99％の人々が、ひとつずつ会計ブロックを積む際に、創意工夫の幅を広げ、その効果を高い精度で計測するための技術としての「会計」です。「会計」を使う局面はブロックを積む瞬間であり、決算書を見るときではないのです。

会計知識から会計意識へ

現実の問題として、株式を上場していない中堅企業においては、社員に対して決算書を開示しない会社がほとんどです。上場企業においても、社員に対して、どこまで精緻な会計情報を開示するかは、経営者の一存に依ります。

そのような環境のもとで、皆さんが行うべき第一歩は、予算制度によって割り当てられる目標の意味を、「会計」という視点から考え直してみることでしょう。与えられた指標がおかしかったり、不十分であるのならば、適切な指標を自らが提言することです。

受け身の姿勢で受け入れた数値と、その意味を知ったうえで受け入れる数値とでは、同じ数字でも意味が違ってきます。達成のための努力の量は増えたとしても、そこに含まれるストレスの量は確実に減少するはずです。

皆さんの会社は、皆さんが、ひとつひとつ積んでいく会計ブロックの総体であり、そのブロックの高さやタイミングを変えられるのは、皆さんひとりひとりの判断と行動しかありません。

一般部門に属する99%の人々に必要なものは、決算書を読むための「会計知識」でも、頓知の謎解きのような「会計知識」でもなく、自らの行動によって生じるひとつひとつの会計ブロックの積み方を考える**「会計意識」**なのです。

補　章　30分で学ぶ決算書の読み方

1 決算書の種類

4種類の決算書

本書は、会計の基本構造を理解していただくことに焦点を絞りましたので、一般的な決算書の見方については、この補章で、まとめてご説明します。

本書を、ここまでお読みいただいた皆さんは、既に、会計の基本構造を身に付けています。

それは、ジグソーパズルが完成した状態で置かれているのと一緒ですから、後はこれを分解していくだけです。

一般に決算書と呼ばれるものは、以下の4種類の書類を指します。

- **貸借対照表**
- **損益計算書**
- **キャッシュフロー計算書**
- **株主資本等変動計算書**

実際の決算書の種類は、規定する法律（会社法、金融商品取引法等）によって若干、異なりますが、まずは、この4種類を理解していただければ十分です。

会計の公式から決算書へ

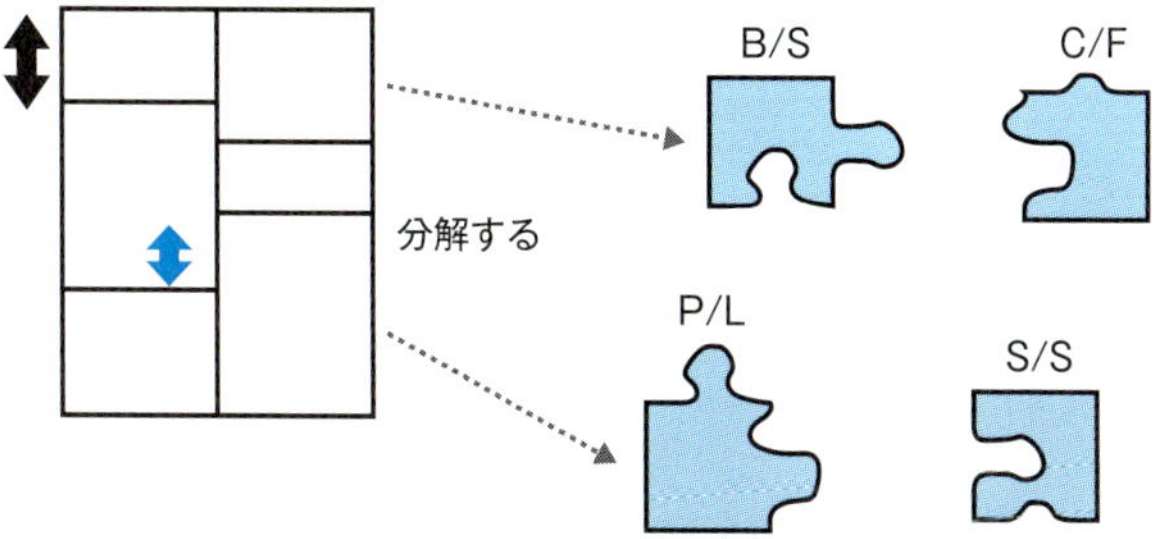

2 貸借対照表

危ない会社の見分け方

貸借対照表は、決算期末日時点における「会計の公式」の、上半分を切り離したものです。したがって、左側に「資産」、右側に「負債」と「資本」のブロックの固まりが位置します。

実際の貸借対照表は、左図のようなものですが、この貸借対照表から、一体、何がわかるのでしょうか。

貸借対照表を読み解くことで、「危ない」会社を見分けることができます。「危ない」とは、つまり倒産しやすいということです。

第4章のキャッシュフロー計算書の箇所で説明したように、会社が倒産するのは資

貸借対照表　事例

貸借対照表

（平成X2年3月31日現在）

（単位:千円）

科目	金額	科目	金額
（資産の部）		（負債の部）	
流動資産	**100,000**	**流動負債**	**70,000**
現金及び預金	28,000	買掛金	29,000
受取手形	13,000	短期借入金	32,000
売掛金	24,000	未払費用	1,000
商品	30,000	未払法人税等	2,000
前払費用	2,000	賞与引当金	4,000
その他	3,300	その他	2,000
貸倒引当金	△300	**固定負債**	**52,000**
		長期借入金	38,000
固定資産	**100,000**	退職給付引当金	10,000
有形固定資産	**81,000**	その他	4,000
建物	36,000	**負債合計**	**122,000**
機械装置	18,000		
工具器具備品	12,000	（純資産の部）	
土地	12,000	**株主資本**	**76,000**
建設仮勘定	3,000	**資本金**	**30,000**
無形固定資産	**6,000**	**資本剰余金**	**10,000**
電話加入権	1,600	資本準備金	10,000
ソフトウェア	4,400	**利益剰余金**	**36,500**
投資その他の資産	**13,000**	利益準備金	2,000
投資有価証券	1,200	別途積立金	14,000
関係会社社式	4,500	繰越利益剰余金	20,500
長期前払費用	900	**自己株式**	**△500**
繰延税金資産	6,500	**評価・換算差額等**	**500**
貸倒引当金	△100	**新株予約権**	**1,500**
		純資産合計	**78,000**
資産合計	200,000	**負債・純資産合計**	200,000

金繰りに行き詰まったときです。
それを言い換えれば、「返済を約束したお金を返せなくなる」状態ですから、**「返済を約束したお金」**と、**「返済の原資となるお金」**の関係を見ることで、その会社の倒産の可能性を判断できるのです。
財務分析の用語では、倒産のしづらさを**「安全性」**と呼び、貸借対照表から算出した財務比率を用いる手法を安全性分析と言います。

安全性分析にはさまざまな指標がありますが、それらの公式を暗記するのは面倒なだけではなく、記憶にも残りづらいものです。そこで、ここでは、筆者が発明（？）した**「B／S似顔絵分析法」**をご紹介しましょう。

決算書は、よく「会社の顔」と呼ばれますが、似顔絵分析法では、文字通り貸借対照表を「顔」の似顔絵にしてしまいます。似顔絵にしてしまえば、計算式を一切使わずに、貸借対照表の特徴を視覚的に読みこなせるのです。

6つのパーツ

似顔絵は、目、鼻、口といった顔のパーツごとに描きます。そこで、貸借対照表も、大きな6つのパーツに分解していきましょう。

左と右に切り分ける

まずは真ん中から左と右に分けます。左側の固まりは、会社が決算日時点で持っているものを表す「資産」です。表現を変えれば、会社に投下された資金の使途を表します。残った右側は資金の出所、つまり、資金の調達源泉を表しています。

左側と右側は、決算日時点で会社に投入され

貸借対照表の左と右

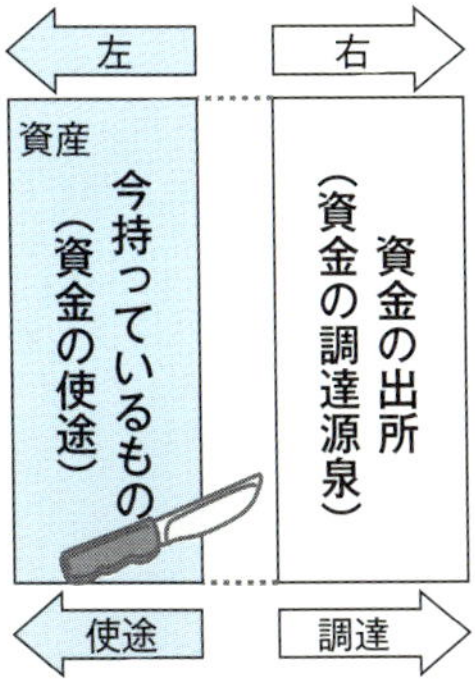

ている資金の総額を異なる見方で集計し直しただけですから、両者の合計金額は必ず一致します。

右側を上と下に切り分ける

右側は、資金の調達方法ごとに集計されていますが、返済する義務の有無によって分けることができます。

外部から調達したお金は、いつか返済しなければなりません。これが「負債」です。外部の他人から調達したお金なので、**「他人資本」**とも呼ばれます。

一方、会社の持ち主である株主から調達したお金は、自分自身のものですから返済する義務がありません。さらに、「資本」の右下に含まれる稼いだ利益部分も、当然に株主のものです。これらは、自らの資金ですから**「自己資本」**とも呼ばれます。

この負債（他人資本）と資本（自己資本）を合わせた金額を「総資本」と呼ぶことがありますが、その金額は左側の資産の総額である「総資産」と同額です。

各々を上と下に切り分ける

次に、「資産」と「負債」を上下に分けていきますが、ここでは1年という時間が基準になります。

企業に投下された現金は次々と形を変えていきます。まず、商売に必要なものを仕入れると、現金は商品になり、この商品が販売されると売掛金や受取手形という売上債権に、さらに債権の回収期日がくると得意先から代金が振り込まれ、また現金に戻ってきます。このように、営業過程にあるためにその状況が流動的で、1年以内に現金に戻ってくることが予定されている資産を**流動資産**と言います。

一方、企業に投下された現金の一部は、工場の建物や機械設備などにも投入されます。設備投資に使われた現金は、その状態が固定化してしまうため、

貸借対照表の右側

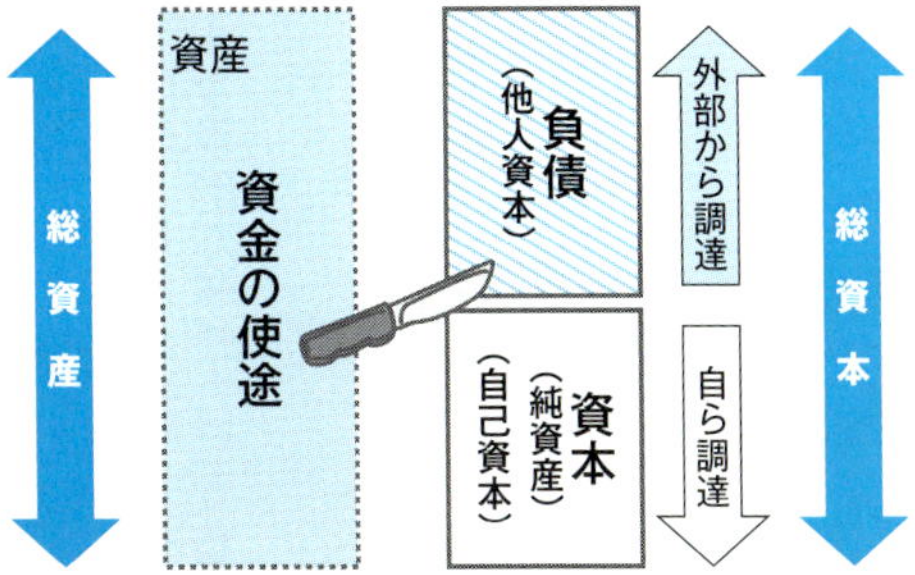

これらを**固定資産**と呼びます。債務を返済するには、現金が必要になりますが、この固定資産部分は、現金化が難しいため、返済の原資として使いづらいという性質があります。

負債も同様に、1年という時間を基準にして、返済期限が1年以内の債務を**流動負債**、返済期限が1年超の債務を**固定負債**に分けます。

この1年を境にして流動と固定を区別するルールを**1年基準**（ワン・イヤー・ルール）と言います。貸借対照表は流動性の高いものを上から順番に記載していくルールになっているため、流動資産の内訳を上から順番に見ていくと、現金が流動資産の一番上に位置し、以降には次のような項目が並びます。

- **現金・預金**
- **受取手形（販売代金の代わりに入手した手形）**
- **売掛金（未回収の販売代金）**

} **当座資産**

- **たな卸資産**（商品、製品や原材料など、いわゆる在庫）

同じ流動資産でも、たな卸資産は、まだ販売前のものですから1年以内に、すべてが現金化するとは限りません。一方、たな卸資産の上側に並んだ項目は、既に販売された後の金額であり、流動資産の中でも現金化が確実なため**当座資産**と呼ばれます。

これで、貸借対照表を6つのパーツに分けることができました。

B／S似顔絵分析法

貸借対照表の6つのパーツを使うことで、貸借対照表の似顔絵が描けます。

B／S似顔絵分析法は、次の5つの手順で進

貸借対照表の6つのパーツ

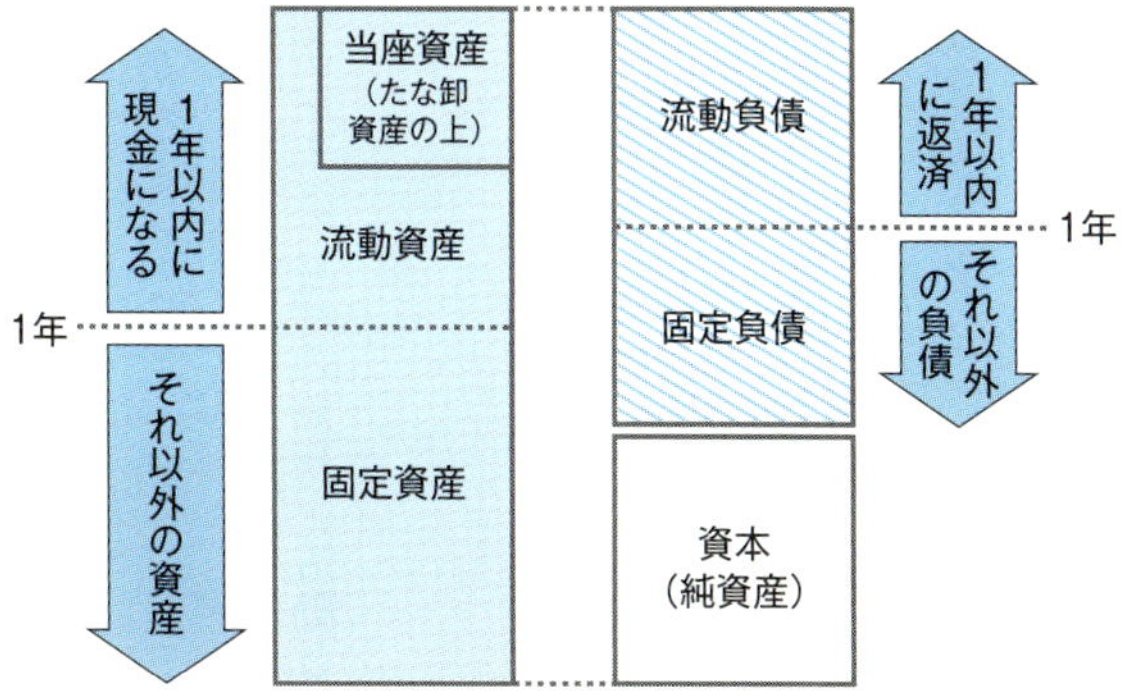

めていきます。

手順1　顔の大きさを見る
手順2　右目を書き込む
手順3　左目を書き込む
手順4　右眉を書き込む
手順5　左眉を書き込む

手順1　顔の大きさを見る

これから、貸借対照表を使って似顔絵を描いていきますが、貸借対照表は会計ブロックの積み重ねですから、金額の大きさがブロックの高さを表すと考えてください。

そうすれば、会社の資産や負債の金額が、そのまま会社の「顔」の大きさ、つまり顔の輪郭になります。顔の大きさからわかることは、金額の大きい会社は規模の大きい会社で、金額が小さい会社は小さい会社という当たり前の事実です。

会社の規模が大きいほど、毎年の決算書の変化は小さくなり、規模が小さい会社ほど決算書の変化が大きくなる傾向があるため、規模が大きな会社では数パーセントの僅かな変化にも注意が必要です。

会社の規模は、それ自体が顕著な特徴ですので、財務比率や個別の勘定科目を分析する前に、貸借対照表の大きさから会社の規模を把握しておくことが大切です。

手順2　右目を書き込む

手順1で顔の輪郭がつかめましたので、次は顔の中心となる目を書き込んでいきましょう。最初は右目です。右側の負債と資本の境目に右目を書き込みます。

右目の位置は、負債と資本の割合を表します。（通常、顔のパーツの左右は本人から見た側で記述しますが、ここでは会計ブロックと合

手順1　顔の大きさを見る

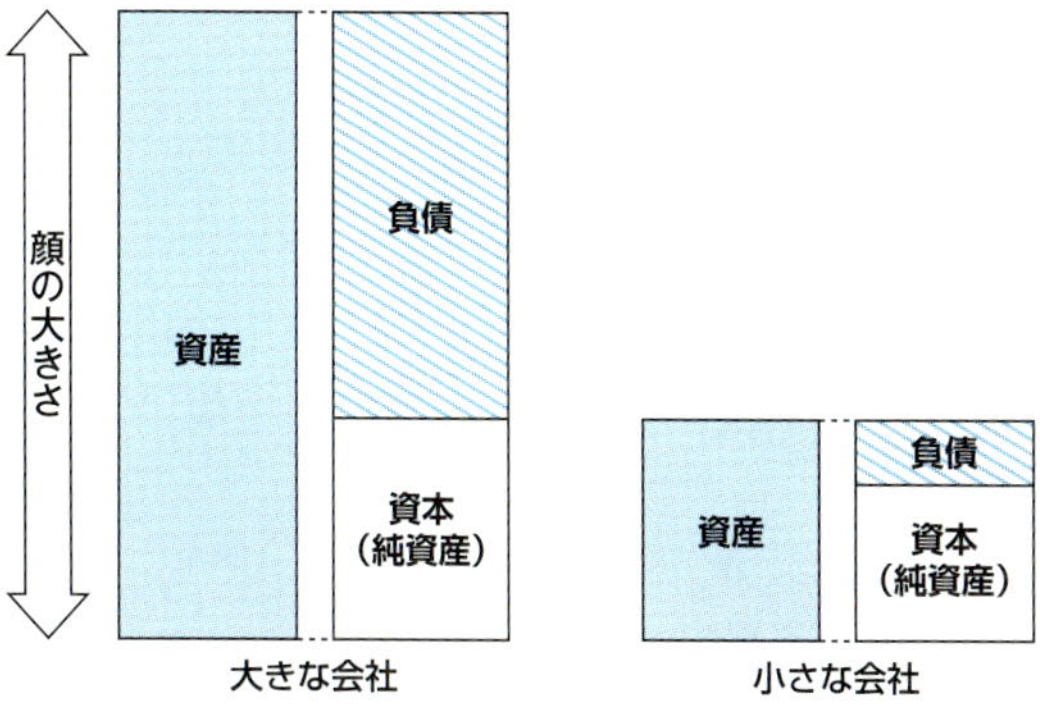

わせて、向かって右側を右目と表していきます。）

会社は、「返済を約束したお金」を返せなくなると倒産してしまうのですから、「返済を約束したお金」つまり返済義務のある「負債」が少なく、返済義務のない「資本」が多いほど安全と考えられます。したがって、右目が高い位置にあるほど望ましいのです。

この、右目の位置は、財務分析では自己資本比率という指標で表されます。

自己資本比率＝資本÷総資本

手順3　左目を書き込む

右目の次に書き込むのは当然、左目です。左

手順2　右目を書き込む

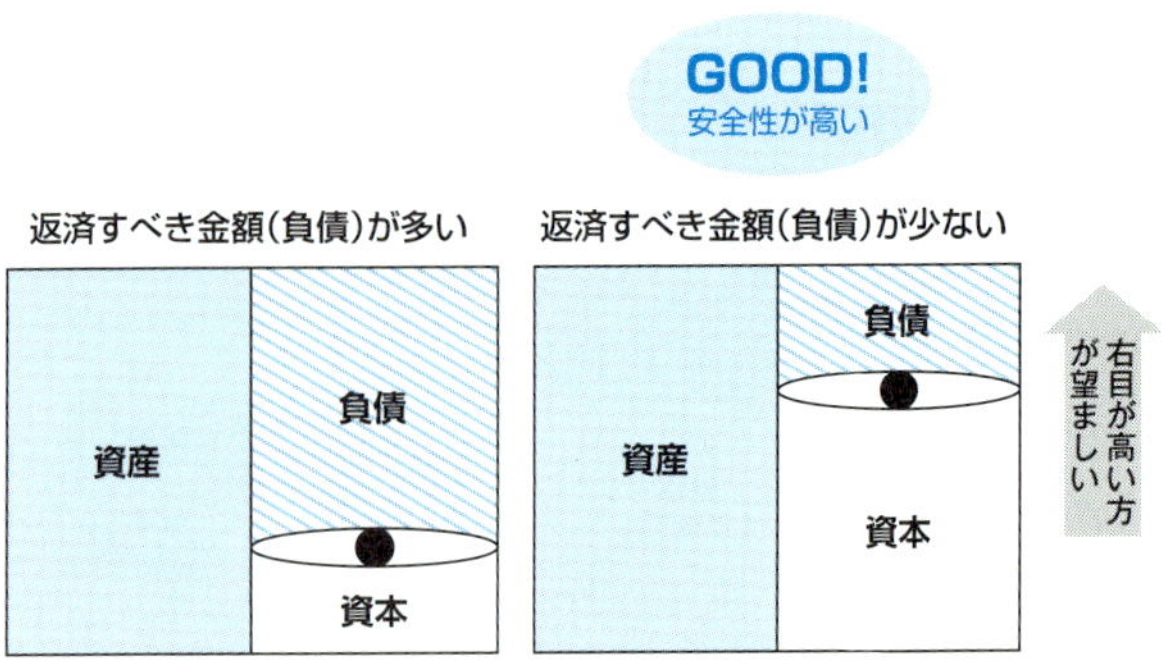

側の流動資産と固定資産の境目に左目を書き込みます。

手順2では、「返済を約束した金額」が少ないほど安全と書きましたが、約束通り返済できれば問題はないのですから返済額の大きさだけで安全性を判断するのは早計です。そこで、返済に充てられるお金、つまり返済原資との関係を見ていきます。

左目の上にある流動資産は1年以内に現金化が予定されていますから返済原資になりますが、下にある固定資産は返済の原資になりづらいものです。そこで、右目と左目の位置を比べてみます。

返済義務のある負債は右目の上であり、返済

手順3　左目を書き込む

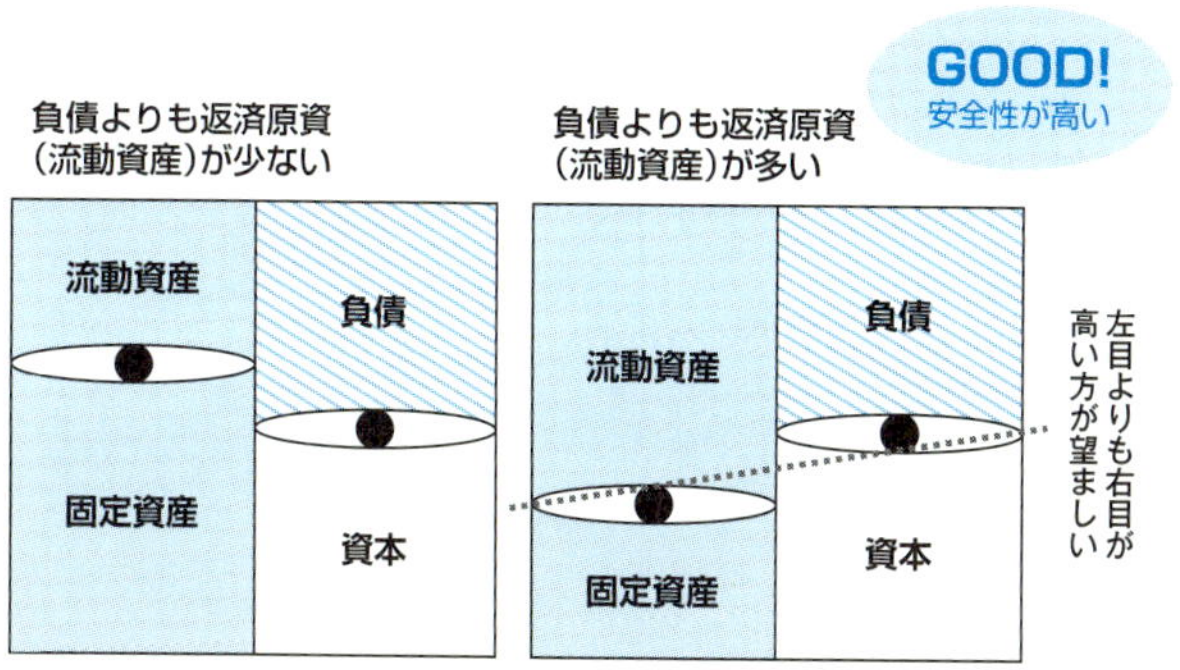

原資となる左目の上の流動資産がそれよりも大きい、つまり左目よりも右目が上にあるほうが安全と言えます。

見方を変えれば、返済原資にならない固定資産、つまり左目の下の部分が、返済義務のない右目の下の資本によってまかなわれている状態が安全ということです。

この右目と左目の関係は、固定比率という指標で表されます。

固定比率＝固定資産÷資本

手順4　右眉を書き込む

目の次には「眉」を書き込んでいきましょう。まず、右眉からです。眉毛ですから、当然、その位置は右目の上になり、負債を2分する流動

手順4　右眉を書き込む

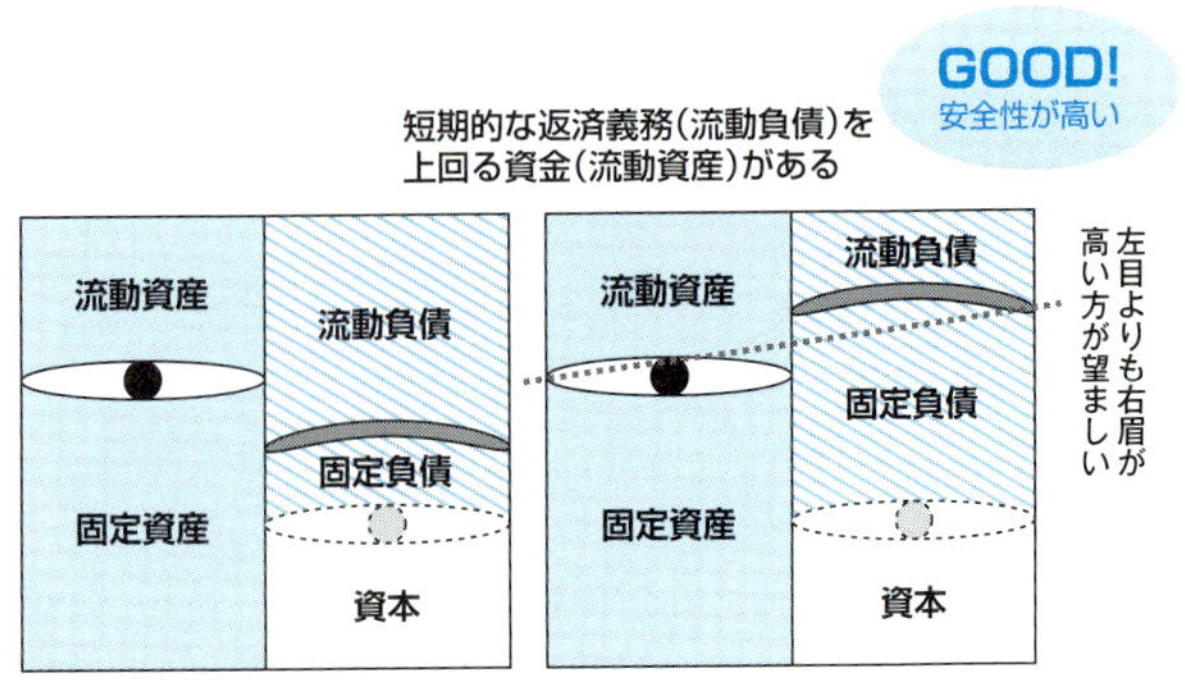

負債と固定負債の境界線に右眉を書き込みます。

返済義務のある負債は、返済までの猶予期間の長さによって流動負債と固定負債に分けられます。当面の安全性を考えるならば1年以内に返済期限を迎える流動負債の金額が重要になります。

そこで、今、書きこんだ右眉の上の、1年以内に返済しなければならない流動負債と、その原資となる1年以内に現金化する流動資産、つまり左目の上の部分を比べます。右眉と左目を比べて、右眉が上のほうが安全ということになります。

この右眉と左目の関係を表す指標を流動比率と言います。

流動比率＝流動資産÷流動負債

流動負債よりも流動資産が多いほうが安全なのですから、流動比率は１００％以上が望まれます。

手順5　左眉を書き込む

流動資産は1年以内に現金化が予定されているものですが、その中には商品や製品などの「たな卸資産」、いわゆる在庫の金額が含まれています。

これらの在庫は、会社の見込み通りに販売できるとは限りませんので、返済原資には含めないほうが確実です。そこで、流動資産の内訳を、在庫を含めない当座資産と区分するように左眉を書き込みます。

この左眉と右眉を比べて、右眉のほうが上にあるならば、1年以内に返済期限を迎える流動負債よりも、確実な返済原資である当座資産が上回る状態ですので、より安全と言えます。

左右の眉の位置を表わす財務指標は当座比率と呼ばれています。

当座比率＝当座資産÷流動負債

手順5　左眉を書き込む

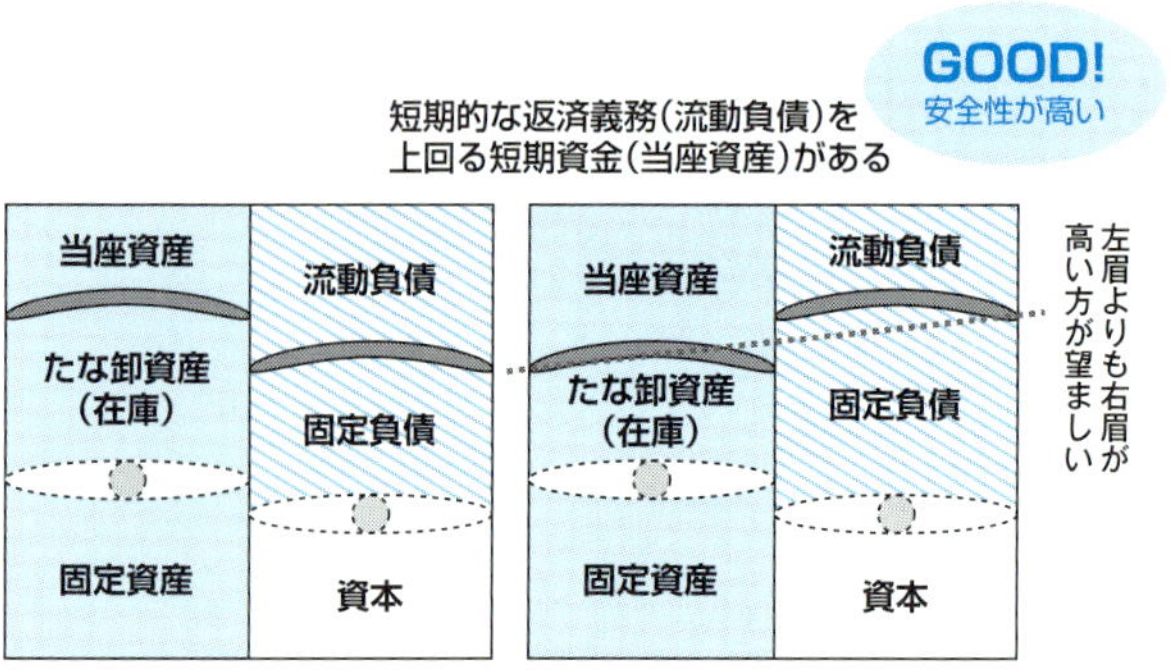

B／S似顔絵分析のまとめ

手順1　顔の大きさ
手順2　右目：負債と資本の境界
手順3　左目：流動資産と固定資産の境界
手順4　右眉：流動負債と固定負債の境界
手順5　左眉：当座資産の下

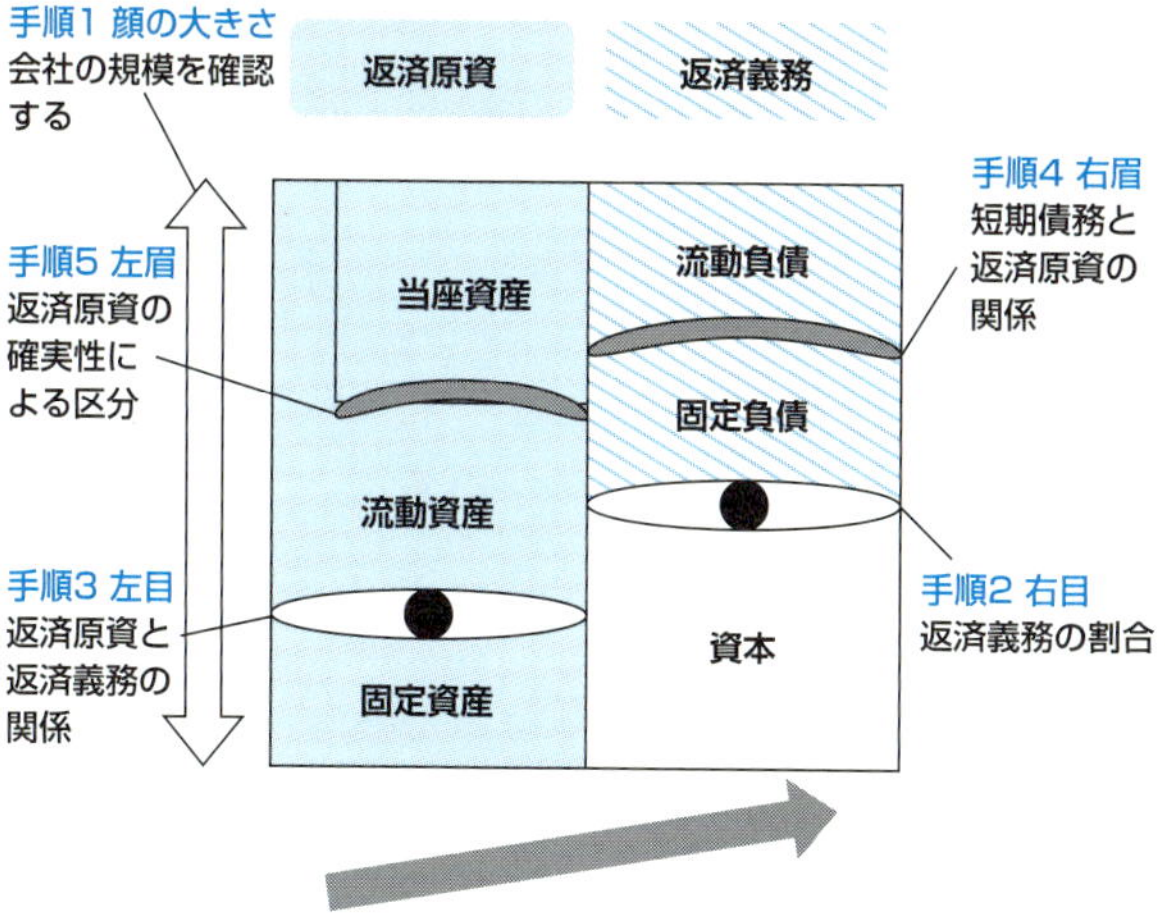

・安全性の視点からは、全体として
右上がりの状態が望ましい

混乱された方も多いと思いますので、最後にポイントをまとめておきます。

右側のパーツ（右目と右眉）は、上にあるほど望ましい。

右と左のパーツを比べた際に、右側が上にあるほうが望ましい。

つまり、**「右上がりの顔」**ほど望ましいとだけ、覚えていただければ結構です。

カゴメの貸借対照表

では、実際に、カゴメ株式会社を事例にして、似顔絵分析を実践してみましょう。

カゴメはケチャップやトマトジュースのトップメーカーとして皆さんもおなじみのメーカーだと思います。次ページ以下は８年前の２００２年度と直近の２０１０年度のカゴメの貸借対照表です。ここでは、カゴメグループ全体の貸借対照表を合計した連結決算書を取り上げていますが、基本的な見方は、個々の会社ごとの貸借対照表と一緒です。

カゴメの貸借対照表2002年度（平成15年3月期）

連結貸借対照表

（平成15年3月31日現在）

（単位：百万円）

科目	金額	科目	金額
（資産の部）		（負債の部）	
流動資産	**53,097**	**流動負債**	**35,133**
当座資産	29,708	支払手形及び買掛金	15,331
たな卸資産	13,005	短期借入金	1,019
その他	10,442	その他	18,783
貸倒引当金	△58		
		固定負債	**22,976**
固定資産	**52,372**	転換社債	14,541
有形固定資産	**40,310**	退職給付引当金	2,776
建物及び構築物	12,414	その他	5,659
機械装置及び運搬具	13,295	**負債合計**	**58,109**
工具、器具及び備品	855	（純資産の部）	
土地	13,365	**株主資本**	**44,878**
その他	381	**資本金**	**4,772**
無形固定資産	**1,468**	**資本剰余金**	**8,520**
投資その他の資産	**10,594**	**利益剰余金**	**31,594**
投資有価証券	7,192	**自己株式**	**△8**
その他	3,644	**評価・換算差額等**	**671**
貸倒引当金	△242	**少数株主持分**	**1,811**
		純資産合計	**47,360**
資産合計	**105,469**	**負債・純資産合計**	**105,469**

（勘定科目を一部、要約・修正しています）

カゴメの貸借対照表2010年度(平成23年3月期)

連結貸借対照表

(平成23年3月31日現在)

(単位：百万円)

科目	金額	科目	金額
(資産の部)		(負債の部)	
流動資産	**79,412**	**流動負債**	**36,409**
当座資産	50,842	支払手形及び買掛金	11,967
たな卸資産	21,545	短期借入金	4,948
その他	7,110	その他	19,494
貸倒引当金	△85		
		固定負債	**17,310**
固定資産	**63,249**	長期借入金	10,394
有形固定資産	**40,555**	退職給付引当金	2,369
建物及び構築物	13,630	その他	4,547
機械装置及び運搬具	12,018	**負債合計**	**53,719**
工具、器具及び備品	597	(純資産の部)	
土地	11,648	**株主資本**	**90,694**
その他	2,662	**資本金**	**19,985**
無形固定資産	**5,519**	**資本剰余金**	**23,733**
投資その他の資産	**17,175**	**利益剰余金**	**47,185**
投資有価証券	13,518	**自己株式**	**△209**
その他	3,731	**評価・換算差額等**	**△3,150**
貸倒引当金	△74	**少数株主持分**	**1,398**
		純資産合計	**88,942**
資産合計	**142,661**	**負債・純資産合計**	**142,661**

(勘定科目を一部、要約・修正しています)

実物をご覧になって、皆さんは、どのような印象を持たれましたか。

貸借対照表の個別の数字だけを見ていても、全体をとらえることはできません。そこで、先ほど学んだ6つのパートにまとめていきましょう。

まず、右と左（「資産」と「負債」「資本」）、次に、上下に（「流動」と「固定」）、最後に流動資産の中から当座資産を抜き出します。

手順1　顔の大きさを見る

２００２年度の総資産は１０５４億円ですが、２０１０年には１４２６億円と、約１・５倍の規模に拡大しています。

手順2　右目を書き込む

２００２年度は、総資産１０５４億円に対して資本（純資産）４７３億円ですから、総資産に対する自己資本の割合を表す自己資本比率は44・９%。右目の位置は顔のほぼ真ん中あたりになります。一方、2010年度は、自己資本比率が62・4％に上昇していますので、右目の位置はさらに高くなり、安全性が増しています。

手順3　左目を書き込む

2002年度の固定資産は523億円ですので、左目の位置は、先ほど書いた右目よりも少し上になります。この時点では、固定資産に対応する資金が自己資本でまかないきれていません。

2010年度になると、固定資産632億円よりも資本（純資産）889億円のほうが大きいため、左目は右目よりも低い位置になり固定資産分の資金を自己資本でまかなえる状態に改善されています。

手順4　右眉を書き込む

流動負債と固定負債の境界に右眉を書き込んで、左目との位置関係を確認します。両年度とも左目よりも右眉のほうが高い位置にありますから、短期的な支払義務（流動負債）を超える支払原資（流動資産）を有していることがわかります。

カゴメの似顔絵

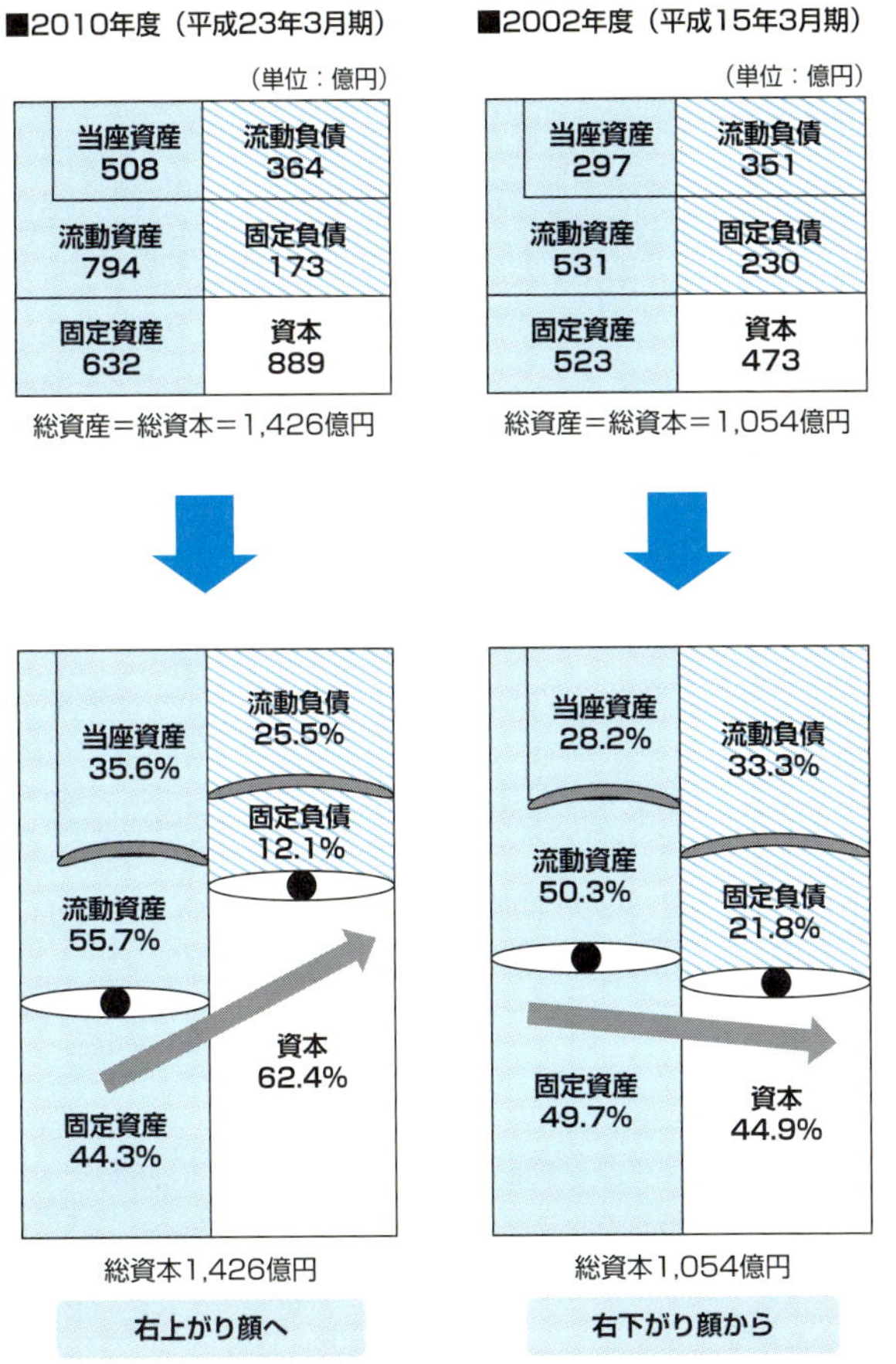
■2010年度（平成23年3月期）
（単位：億円）
当座資産 508
流動負債 364
流動資産 794
固定負債 173
固定資産 632
資本 889
総資産＝総資本＝1,426億円
流動負債 25.5%
当座資産 35.6%
固定負債 12.1%
流動資産 55.7%
資本 62.4%
固定資産 44.3%
総資本1,426億円
右上がり顔へ
■2002年度（平成15年3月期）
（単位：億円）
当座資産 297
流動負債 351
流動資産 531
固定負債 230
固定資産 523
資本 473
総資産＝総資本＝1,054億円
当座資産 28.2%
流動負債 33.3%
流動資産 50.3%
固定負債 21.8%
固定資産 49.7%
資本 44.9%
総資本1,054億円
右下がり顔から

手順5　左眉を書き込む

最後に、当座資産の下に左眉を書き込みます。流動資産の中でも返済原資として確実な当座資産と流動負債を比べてみます。2002年度の時点では、左眉が右眉よりも高い位置にありますが、2010年度では、左右の眉毛の位置が入れ替わっており、より安全性が増しています。

出来上がった似顔絵を眺めてみると、全体的に右下がりだった顔が右上がりに変わっているのがわかると思います。カゴメの堅実な経営が、似顔絵の変化として如実に表れているのです。

その具体的な理由としては

- 近年の厳しい経営環境の中で、8年間継続して20億円以上の当期純利益を計上。
- アサヒビールとの業務・資本提携により、2007年2月に総額166億円の資本増強を実施。

などが挙げられます。

いかがだったでしょうか。似顔絵分析を使えば、今まで、無味乾燥な数字の一覧だった貸借対照表にも、親しみを持っていただけたのではないでしょうか。

3 損益計算書

損益計算書の段階計算

似顔絵分析法で貸借対照表を克服してしまえば、後の決算書は簡単です。次に、説明する損益計算書は、会社の予算書などで目にする機会も多いでしょう。

損益計算書は、収益から費用を差し引いて利益の金額を算出するもので、「会計の公式」から切り離された下半分部分です。

まずは、損益計算書の冒頭の文章を読んでみましょう。「平成X1年4月1日から平成X2年3月31日まで」と書いてあります。貸借対照表が、決算日という〝一時点〟における会社の財務状況を表しているのに対し、損益計算書は会計年度の初日から会計年度の最終日である決算日までの〝期間〟における取引を累計したものになります。

損益計算書 事例

損益計算書

［平成X1年4月1日から
平成X2年3月31日まで］

（単位:千円）

Ⅰ 売上高		200,000
Ⅱ 売上原価		
1 商品期首たな卸高	20,000	
2 当期商品仕入高	150,000	
合計	170,000	
3 商品期末たな卸高	30,000	140,000
売上総利益		**60,000**
Ⅲ 販売費及び一般管理費		
販売手数料	1,000	
給料手当	18,000	
旅費交通費	6,000	
水道光熱費	3,400	
減価償却費	5,300	
その他	2,300	36,000
営業利益		**24,000**
Ⅳ 営業外収益		
受取利息	1,200	
受取配当金	300	1,500
Ⅴ 営業外費用		
支払利息	4,500	
その他	2,000	6,500
経常利益		**19,000**
Ⅵ 特別利益		
固定資産売却益	3,000	
投資有価証券売却益	1,000	4,000
Ⅶ 特別損失		
固定資産除却損	1,000	
投資有価証券評価損	1,000	2,000
税引前当期純利益		**21,000**
法人税、住民税及び事業税	10,000	
法人税等調整額	△1,000	9,000
当期純利益		**12,000**

損益計算書には「売上総**利益**」「営業**利益**」「経常**利益**」「税引前当期純**利益**」「当期純**利益**」と5種類もの利益が表示されているため、これが混乱を生みます。

損益計算書本来の目的は、会計期間中に生じた「収益」と「費用」のすべてのブロックを積み重ね、最終的な差額である**「当期純利益」**を算出することです。しかし、それだけではなく、利用者の利便性を考え、積み重ねた会計ブロックを種類ごとにまとめることによって段階ごとの差額を表示しているのです。

会計ブロックの中から、一番最初に区別されるのは税金です。税金は、会社の利益を算出した後に、税率を乗じて求められますから、計算の順序から見ても特別な項目です。そこで、税金を一番最後にまとめてしまい、「当期純利益」から税金を控除する前の段階の利益を**「税引前当期純利益」**と呼びます。

損益計算書の段階計算

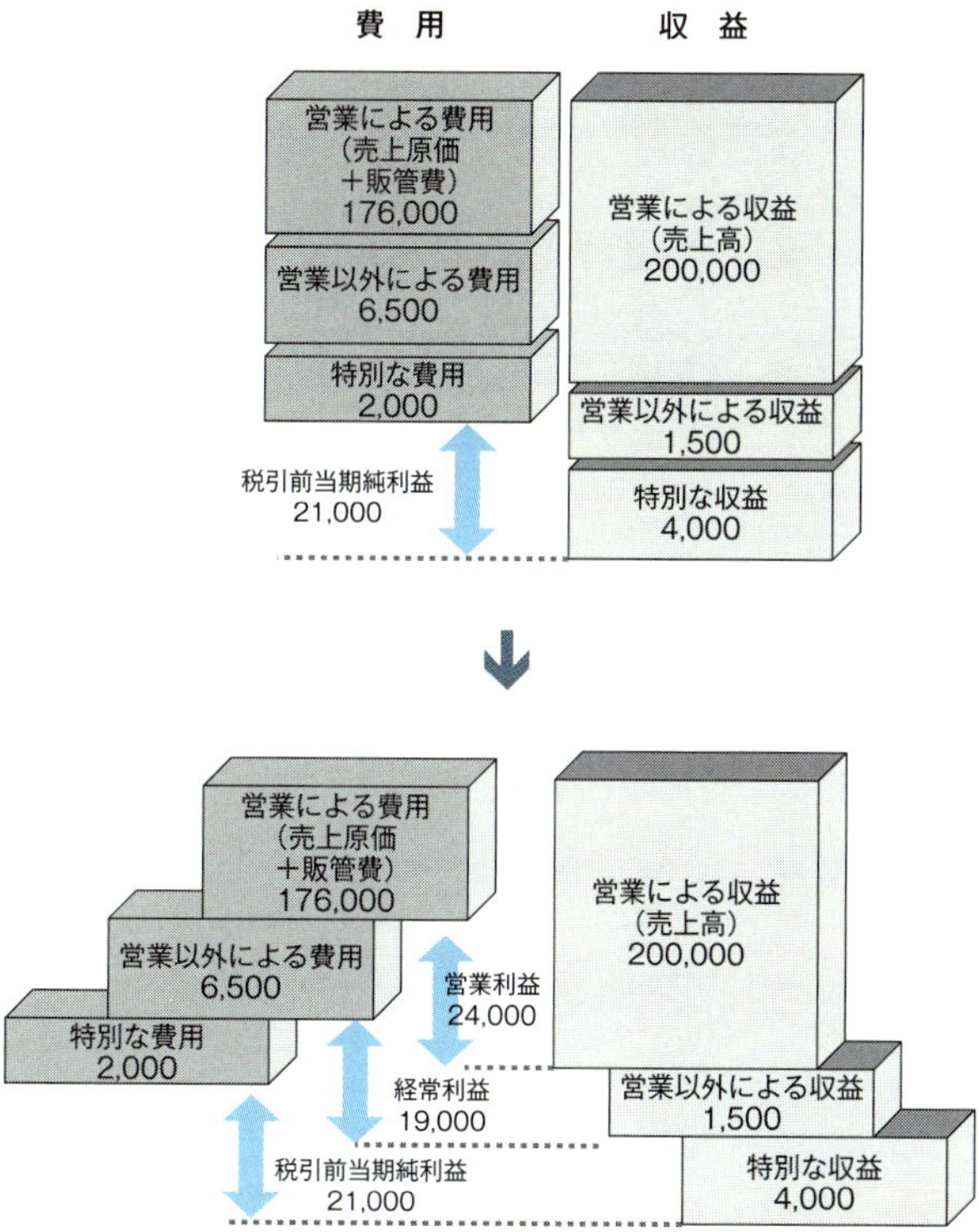
費　用
収　益
営業による費用
（売上原価
＋販管費）
176,000
営業以外による費用
6,500
特別な費用
2,000
営業による収益
（売上高）
200,000
営業以外による収益
1,500
特別な収益
4,000
税引前当期純利益
21,000
営業による費用
（売上原価
＋販管費）
176,000
営業以外による費用
6,500
特別な費用
2,000
営業利益
24,000
経常利益
19,000
税引前当期純利益
21,000
営業による収益
（売上高）
200,000
営業以外による収益
1,500
特別な収益
4,000

次に、ブロックの中から「特別」なものを除きます。

ここで言う「特別」とは「通常では発生しない」という意味で、災害による損失や、所有する土地の売却損益などです。

その年度にしか発生しない臨時・特別な項目をまとめておけば、残った部分は、特別な取引の影響を排除した本来の実力を表します。

「税引前当期純利益」から特別損益項目を除いた段階の利益を**「経常利益」**と呼びます。

さらに、残った通常の取引のブロックを、営業活動にかかわるものと営業活動以外のものに区分します。

営業活動以外の取引とは、皆さんの会社の財務部や経理部が担当する財務活動による損益を指します。

具体的には、営業外収益として預金から発生する受取利息や保有株式からの受取配当金、営業外費用として借入金に対する支払利息などが含まれます。

これら営業外損益項目をまとめて除くことで、残ったブロックの差額は営業活動によって稼ぎ出した「**営業利益**」を表します。

営業活動によって獲得した収益を「**売上高**」と呼びますが、これは日常的な用語として、皆さんもご存知でしょう。

一方、販売した商品の代価は「**売上原価**」と呼ばれ、売上高から売上原価を差し引いた金額を「**売上総利益**」と言います。この「売上総利益」は実務において「粗利（あらり）」と呼ばれているものです。

営業活動を行うにはさまざまな経費がかかります。これら経費のことを、会計では「**販売費及び一般管理費**」と呼びます。「売上総利益」から「販売費及び一般管理費」を控除したものが、営業活動による利益を表す「営業利益」になります。

損益計算書の見方

損益計算書も、貸借対照表と同様に、積み重ねられたブロックの大きさと構成比を見ていきます。

まず最初に見るのは利益の大きさです。貸借対照表とは異なり、損益計算書の場合には、ブロックの直接の大きさではなく、グルーピングされたブロックごとの差である利益の大きさに着目します。

一般に、利益は大きいに越したことはありませんが、どの段階の利益が大きいかに注目しましょう。特に、多額の特別損益項目が含まれている場合には、それらの影響を除いたところで、会社の利益水準を観察する必要があります。

損益計算書を用いた財務指標としては、売上高に対する各段階の利益の割合を示す、売上高利益率が用いられます。

売上高売上総利益率（粗利率）＝売上総利益÷売上高

売上高営業利益率　＝営業利益÷売上高

売上高経常利益率　＝経常利益÷売上高

売上高当期純利益率　＝当期純利益÷売上高

これら売上高利益率は、いずれも高いほうが望ましいのですが、その水準は会社が属する業種によって異なります。したがって、同業種間での比較が有効です。

また、第Ⅴ章でご説明したＲＯＡ（総資産利益率）やＲＯＥ（自己資本利益率）などの収益性指標は、会社の総合的な実力を表す指標として利用されています。

4 キャッシュフロー計算書

基本となる構造

本文中で解説を省略してしまいましたが、キャッシュフロー計算書の実物は次のようなものです。英文のCash Flow Statementから、C／FまたはC／Sと略されます。

こちらも、冒頭の文章を読んでみましょう。損益計算書と同様に「平成X1年4月1日から平成X2年3月31日まで」と書いてありますので、この期間におけるキャッシュの動きを表していることがわかります。

キャッシュフロー計算書 事例

キャッシュフロー計算書

［平成X1年4月1日から
平成X2年3月31日まで］

（単位:千円）

Ⅰ 営業活動によるキャッシュフロー	
税引前当期純利益	21,000
減価償却費	5,300
貸倒引当金の増加額	100
売上債権の増加額	△ 4,400
棚卸資産の増加額	△ 9,000
仕入債務の増加額	3,000
法人税額の支払額	△ 8,000
営業活動によるキャッシュフロー	**8,000**
Ⅱ 投資活動によるキャッシュフロー	
有形固定資産の取得による支出	△ 13,900
有形固定資産の売却による収入	6,000
投資有価証券の売却による収入	4,000
貸付による支出	△ 300
貸付金の回収による収入	200
投資活動によるキャッシュフロー	**△ 4,000**
Ⅲ 財務活動によるキャッシュフロー	
短期借入による収入	12,500
短期借入金の返済による支出	△ 13,200
長期借入による収入	1,000
長期借入金の返済による支出	△ 3,200
株式の発行による収入	6,000
自己株式の取得による支出	△ 100
配当金の支払額	△ 1,000
財務活動によるキャッシュフロー	**2,000**
Ⅳ 現金及び現金同等物の増加額	**6,000**
Ⅴ 現金及び現金同等物期首残高	**22,000**
Ⅵ 現金及び現金同等物期末残高	**28,000**

次に、キャッシュフロー計算書の基本構造を見ていきます。

ここでひとつ、簡単な事例を考えてみましょう。期首に200円のお金があって、この会計期間にお金が100円だけ増加したとします。期末に残ったお金はいくらになるでしょうか。

そうです。答えは300円です。

(期首の残高)　(期中増減)　(期末の残高)
200円　＋　100円　＝　300円

実は、キャッシュフロー計算書の基本構造は、この単純な足し算にすぎません。しかし、これだけでは、単純すぎて役に立ちませんから、期中の増減を3つの項目に分けることにしました。

営業活動によるキャッシュフロー

販売による収入、仕入れや経費支払による支出など、通常の営業活動によるキャッシュの増減。

投資活動によるキャッシュフロー

工場設備などの固定資産の取得による支出や、それらの売却による収入。子会社への投資による支出など。

財務活動によるキャッシュフロー

借入金の借入による収入、その返済による支出など。

この各項目を縦に並べ直したものがキャッシュフロー計算書になります。ローマ数字によって分類された固まりと構造式の関係をつかめれば、キャッシュフロー計算書を使いこなすのは簡単です。

キャッシュフロー計算書の見方

複雑に見えるキャッシュフロー計算書も、基本構造を理解していただければ、営業活動、投資活動、財務活動の3つの区分の固まりにしか過ぎないことをご理解いただ

キャッシュフロー計算書の構造

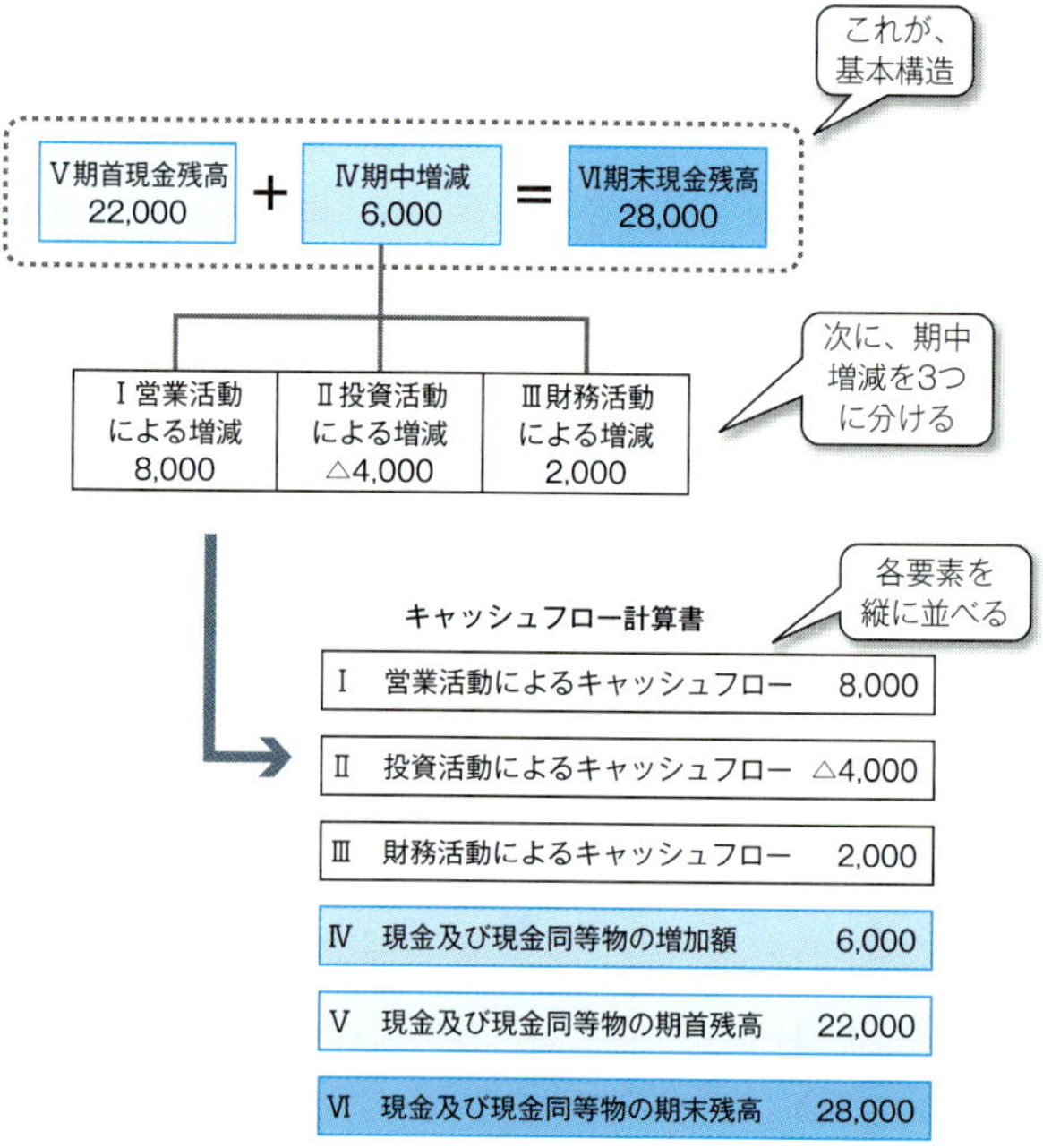
これが、基本構造
Ⅴ期首現金残高 22,000
＋
Ⅳ期中増減 6,000
＝
Ⅵ期末現金残高 28,000
次に、期中増減を3つに分ける
Ⅰ営業活動による増減 8,000
Ⅱ投資活動による増減 △4,000
Ⅲ財務活動による増減 2,000
各要素を縦に並べる
キャッシュフロー計算書
Ⅰ　営業活動によるキャッシュフロー　8,000
Ⅱ　投資活動によるキャッシュフロー　△4,000
Ⅲ　財務活動によるキャッシュフロー　2,000
Ⅳ　現金及び現金同等物の増加額　6,000
Ⅴ　現金及び現金同等物の期首残高　22,000
Ⅵ　現金及び現金同等物の期末残高　28,000

けたと思います。

この3区分の中でも最も重要なのが「営業活動によるキャッシュフロー」であり、キャッシュフロー計算書を見る際のポイントは、

「営業活動によるキャッシュフローは大きければ大きいほどよい」

という一言につきます。

なぜならば、「投資活動によるキャッシュフロー」と「財務活動によるキャッシュフロー」は、過小なのか過大なのかを外部から判断することが、極めて難しいからです。一方、「営業活動によるキャッシュフロー」については、どのような会社であっても大きいほうが望ましいことに疑いはありません。

過去の数値と比較して「営業活動によるキャッシュフロー」が増加傾向にあるのか否かに着目し、後は、3つの区分ごとの合計額から、キャッシュの大きな動きをつかみましょう。

5 株主資本等変動計算書

株主資本等変動計算書

株主資本等変動計算書は、純資産の期首から期末までの変動要因を説明する資料で、S／S（Statements of Shareholders' Equity）とも略されます。

本書では、貸借対照表の右下の部分を「資本」と説明してきましたが、現在の会計基準では「純資産」と表現するのが正しく、「純資産」は「株主資本」「評価・換算差額等」「新株予約権」から構成されます。

株主資本等変動計算書　事例

株主資本等変動計算書

［平成X1年4月1日から
　平成X2年3月31日まで］

（単位　千円）

	株主資本							評価・換算差額等	新株予約権	純資産合計
	資本金	資本剰余金	利益剰余金			自己株式	株主資本合計			
		資本準備金	利益準備金	別途積立金	繰越利益剰余金			その他有価証券評価差額金		
平成X1年4月1日残高	25,000	9,000	2,000	14,000	9,500	△400	59,100	400	1,500	61,000
当期変動額										
新株の発行	5,000	1,000					6,000			6,000
剰余金の配当					△1,000		△1,000			△1,000
圧縮積立金の積立て										
圧縮積立金の取崩し										
当期純利益					12,000		12,000			12,000
自己株式の取得						△100	△100			△100
株主資本以外の項目の当期変動額（純額）								100		100
当期変動額合計	5,000	1,000			11,000	△100	16,900	100		17,000
平成X2年3月31日残高	30,000	10,000	2,000	14,000	20,500	△500	76,000	500	1,500	78,000

株主資本…株主からの払込み金額を表す「資本金」と「資本剰余金」、利益の剰余分である「利益剰余金」、自らが保有する自社株式である「自己株式」からなる。

評価・換算差額等…土地や有価証券の評価差額。

新株予約権…その会社の株式の交付を受けることができる権利のこと。ワラントとも呼ばれる。

3本目の矢印

ここでは、純資産の内訳の詳細を理解していただく必要はありません。株主資本等変動計算書も、いつもの「会計の公式」と一緒に理解しましょう。「会計の公式」の貸借対照表の右下に、「資本」と利益の合計を表す灰色の矢印を追加します。この3本目の矢印の変化を記録したものが株主資本等変動計算書と覚えていただければ十分です。

株主資本等変動計算書の矢印

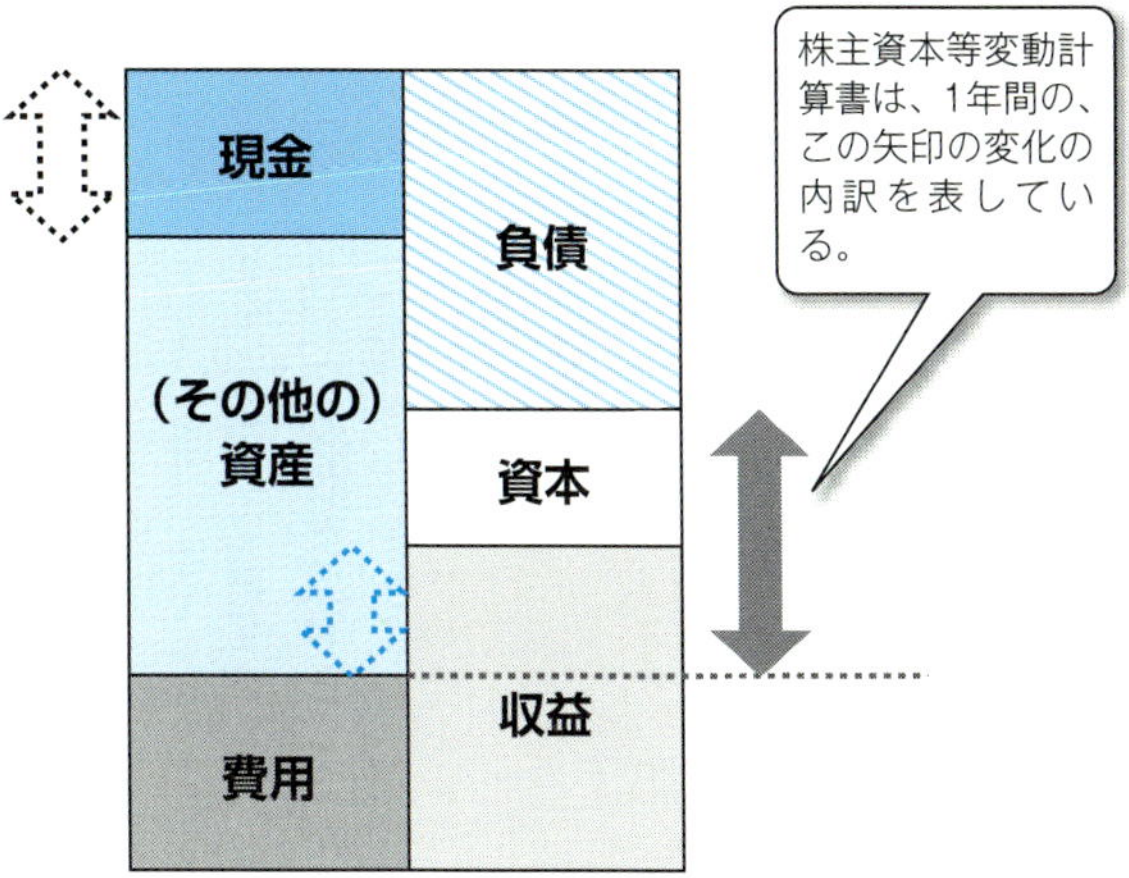

あとがき

単行本の『借金を返すと儲かるのか？　会計の公式』は、おかげ様で、ご好評をいただき、韓国語版の出版にまで至りました。これも皆、ご購入くださった読者の方々のおかげであり、この場をお借りしてお礼申し上げます。

「会計」という単語には、あまり良い印象をお持ちでない方が多いと思います。それは、日常業務で接する「会計」が、社内の予算制度と結び付き、自らの行動を規制する存在として映るからでしょう。

多様化した現代の企業組織をコントロールするためには、「会計」という技術を利用せざるを得ません。しかし、利益獲得のために導入した会計制度が、副作用として現場サイドのモチベーションを減退させる局面があることも事実です。

このような矛盾を解決するには、一般部門の方々にも有効な会計知識を身に付けてもらい、「会計に使われる」のではなく「会計を使いこなして」いくことが肝要と考えたのが本書執筆の動機になっています。

「会計」は人々を仕事にしばりつける鎖ではなく、新たな仕事の可能性を見つけるためのツールであるべきです。そのために必要なのは、「決算書の見方」という静的な視点ではなく、日常業務と結びつき「利益の変化」を実感できる動的な視点を持った会計知識でしょう。

また、仕事に対するモチベーションの根源となる「仕事の意味」を認識する局面においても、「会計」は重要な視点を提供できると考えています。その詳細については、拙著『国語　算数　理科　しごと』（日本経済新聞出版社）に著しておりますので、ご興味をお持ちの方は、一度、お目通しいただければ幸いです。

私は、同書において「仕事とは約束を守ること」と定義しましたが、本作が読者の皆様の期待に沿い、「約束を守ること」ができたのかは甚だ疑問の残るところです。皆様の忌憚のないご意見をお待ちしております。

最後になりましたが、出版にあたり多大なご協力をいただいた網野一憲氏をはじめとする日本経済新聞出版社の皆さんに、心より感謝いたします。

２０１２年３月

岩谷　誠治

本書は、二〇〇九年六月に日本経済新聞出版社から発行した『借金を返すと儲かるのか?』を文庫化にあたって加筆、改題したものです。

日経ビジネス人文庫

儲《もう》けにつながる「会計《かいけい》の公式《こうしき》」
借金《しゃっきん》を返《かえ》すと儲《もう》かるのか?

2012年4月2日　第1刷発行

著者
岩谷誠治
いわたに・せいじ

発行者
斎田久夫

発行所
日本経済新聞出版社
東京都千代田区大手町1-3-7 〒100-8066
電話(03)3270-0251(代)　http://www.nikkeibook.com/

ブックデザイン
鈴木成一デザイン室
西村真紀子(albireo)

印刷・製本
凸版印刷

定価はカバーに表示してあります。落丁本・乱丁本はお取り替えいたします。

Printed in Japan　ISBN978-4-532-19630-1

nbb 好評既刊

考える力をつける数学の本
岡部恒治

「トイレットペーパーの長さを測るには?」「星形多角形の内角の和は?」。見方を変えれば意外と簡単。思考力養成のための数学。

28歳の仕事術
小川孔輔＝監修
栗野俊太郎・栗原啓悟・並木将央

仕事のやり方に悩む人に向けた等身大ビジネス・ストーリー。物語を楽しみながら、ビジネススキル、フレームワークなどがわかる！

これは便利！正しい文書がすぐ書ける本
小川 悟

豊富な実務経験と研修実績を持つビジネス文書のプロが、簡単にすぐ書ける文書術の秘訣を公開。用例を中心に勘所を伝授します。

ヒットの法則
奥井真紀子・木全 晃

体から甘い香りを発散する「ふわりんか」、乾電池1000本を1本で代替する「エネループ」――。ヒット商品の開発秘話満載！

ヒットの法則2
奥井真紀子・木全 晃

モノが売れない時代でも〝ヒット商品〟は誕生する。一体、なぜ売れるのか。深掘りした取材を元に、その開発の舞台裏に迫る。

nbb 好評既刊

日本経済の罠 増補版

小林慶一郎
加藤創太

バブル崩壊後、日本経済の再生策を説き大きな話題を呼んだ名著がついに復活！ 未曾有の世界的経済危機に揺れる今こそ必読の一冊。

そのバイト語はやめなさい

小林作都子

「1000円からお預かりします」「資料をお送りさせていただきました」——。変なバイト語を指摘し、正しいビジネス対応語を示す。

その話し方がクレームを生む

小林作都子

実体験にもとづく例をあげながら、無用なクレームを生まない、もし生まれても大きくしないための、言葉のテクニックを伝授します。

ビジネススクールで身につける問題発見力と解決力

小林裕亨・永禮弘之

多くの企業で課題達成プロジェクトを支援するコンサルタントが明かす「組織を動かし成果を出す」ための視点と世界標準の手法。

V字回復の経営

三枝 匡

「V字回復」という言葉を流行らせた話題の書。実際に行われた組織変革を題材に迫真のストーリーで企業再生のカギを説く。